女性はなぜ生きづらいのか

森田療法で悩みや不安を解決する

比嘉千賀
久保田幹子
岩木久満子

白揚社

目次

プロローグ　女性の生き方の変化とさまざまな問題

V　高年期――喪失、そして新たな生き方を探る時期

エピローグ　「生きづらさ」から「生きがいの模索」へ

森田療法をもっと知りたい方へ

執筆分担

プロローグ　女性の生き方の変化とさまざまな問題　比嘉千賀
Ⅰ　女性の生きづらさと森田療法の考え方　比嘉千賀
Ⅱ　青年期――自分らしさと女性らしさを探る時期　岩木久満子
Ⅲ　成人期――自分の生き方を選択し、新しい生活を始める時期　久保田幹子
Ⅳ　中年期――自分の限界が見えてきて、生き方を問い直す時期　久保田幹子
Ⅴ　高年期――喪失、そして新たな生き方を探る時期　岩木久満子
Ⅵ　女性特有の行き詰まり――ケア役割、共依存、ＤＶ被害女性をめぐって　比嘉千賀
エピローグ　「生きづらさ」から「生きがいの模索」へ　久保田幹子

プロローグ　女性の生き方の変化とさまざまな問題

1　はじめに

近年、女性の生き方（ライフサイクルやライフスタイル）が大きく変わり、多様で自由な生き方ができるようになってきました。しかしその反面、さまざまな生きづらさを感じる女性が増えてきていることを、私たちは日頃の精神科外来・心理臨床の場でひしひしと感じています。

本書は、私たち3人の女性セラピスト（精神科医、臨床心理士）が日常の診療、相談で経験している女性の生きづらさについて、いくつかの視点から考察してまとめたものです。ひとつの特徴として、3人の共通項である森田療法家という立場から、その生きづらさにどのように向き合ったらよいかという観点をもりこんでみました。森田療法に関しては、次の章に簡単に概説しております。

この章ではまず、いま女性の生き方をめぐって何が起こっているのかを明らかにしようと思います。それから後の章で、年齢に応じたライフサイクルやその他の視点から問題を分析し、それぞれ事例などを交えながら具体的にわかりやすく女性の生きづらさを浮き彫りにしていくことにしました。

女性の生きづらさは私たち3人自身の問題でもあります。実際、世代が異なるわれわれ3人ですが、若い世代のほうが生きやすいとは感じていないのです。その意味でも本書をまとめる意味があると考えました。

また、本書は女性に焦点をあてていますが、現代は同時に男性にとっても当然生きづらい時代です。そのことも頭に置きつつ書いたつもりです。

2　女性のライフサイクルの変化

図1に世代別女性のライフサイクルモデルの比較を示しました。モデルAが昭和25年に結婚した世代、モデルBは昭和50年に結婚した世代、モデルCは平成6年に結婚した世代、モデルDは平成14年に結婚した世代です。一目して女性のライフサイクルが急激に大きく変化してきたことがわかります。その変化の主要なものとして、総理府の報告書では、①高齢化の進展、②平均寿命の伸長と少子化の進展、③世帯構造の変化、の3点をあげています。

まず平均寿命の伸長が見てとれます。厚生労働省が発表した2016年の日本人の平均

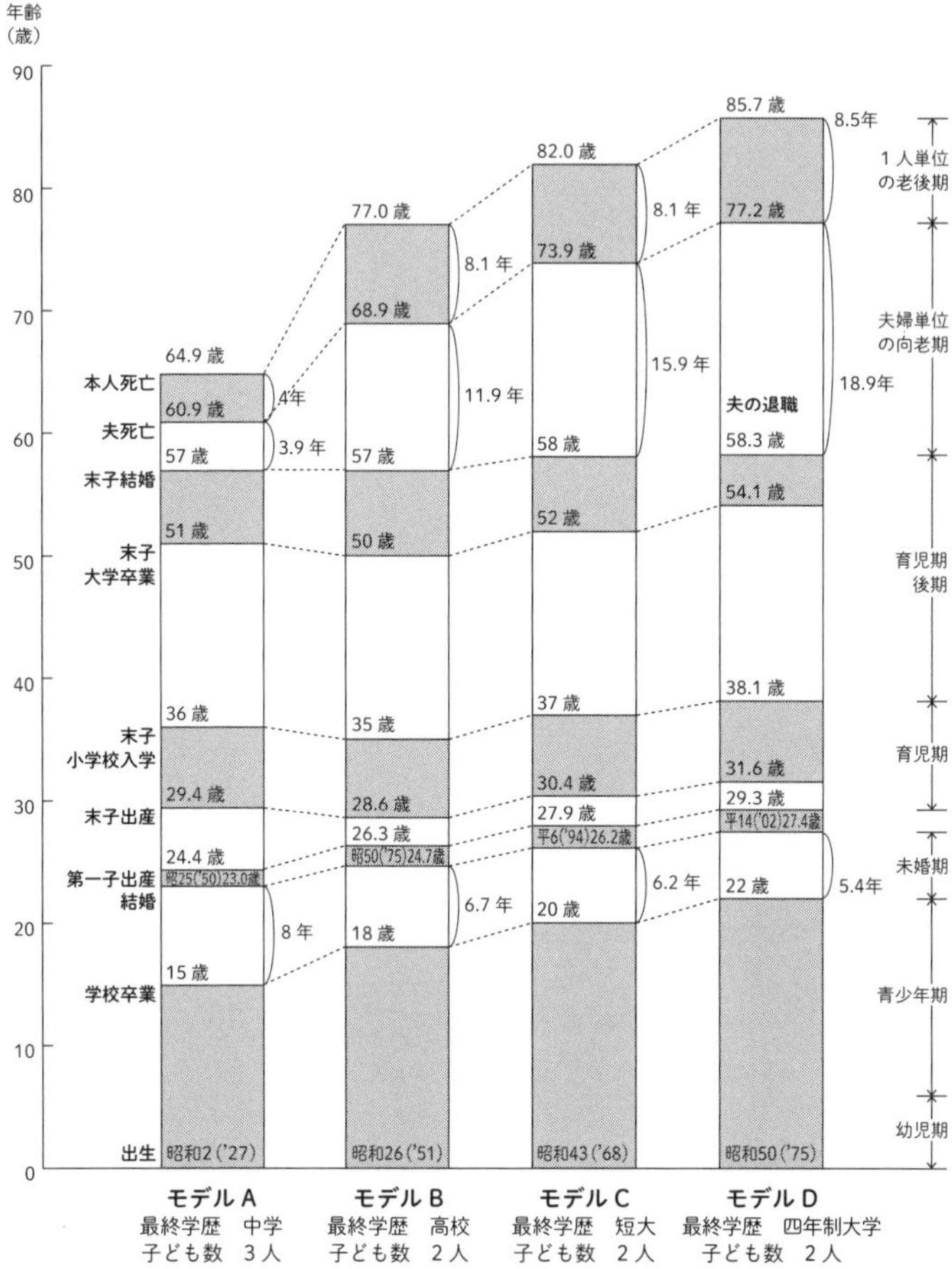

図1　世代別女性のライフサイクルモデルの比較

（備考）モデルA〜Cは総理府「女性の現状と施策（平成7年版）」、モデルDは内閣府「男女共同参画白書（平成16年版）」より作成。

モデルDのみ「末子結婚」項目が「夫の退職」となっている。

寿命は、女性87・14歳、男性80・98歳で、男女とも香港に次いで世界第2位であり、数年前までは数十年間世界第1位でした。20年前よりも男女とも4歳以上寿命が延びたことになります。人生50年時代から80年、90年時代へとなってきているのです。

そして、高学歴化、就業率の上昇が定着してきた結果、結婚する年齢が遅くなってきました。平均初婚年齢を図1で見てみますと、モデルAでは23歳だったものがモデルDでは27・4歳に、そして２０１６年の統計では女性29・4歳、男性31・1歳まで上がっています。この15年で、女性の初婚年齢は2歳遅くなりました。生涯未婚率も、２０１５年の国勢調査では女性が14・1％、男性が23・4％に上昇しました。そして出産可能年齢の高齢化もあり、女性の第1子出産時平均年齢も30歳に達しました。著明な少子化が進み、社会問題にもなっています。女性が一生のうちに産む子どもの平均数（合計特殊出生率）は一時1・26人まで減少しましたが、２０１６年には1・44人まで回復しました。しかし29歳以下の出生率は下落し、30歳以上が上昇しています。

図1の各モデルを比較していただくと明らかですが、女性の一生は質的に大きな変化をとげてきました。青少年期が伸長し、結婚年齢や出産年齢が遅くなり、少子化が進み、子育て期間は短くなって、子育て後の人生が長くなりました。モデルＡＢＣとＤとでは統計

の取り方が少し違うのですが、子どもたちが結婚して独立したり、夫が定年退職したりしたあと、夫婦二人で過ごす期間が大幅に延びてきてもいます。また夫の死後ひとりで過ごす老後も、4年から8・1年、8・5年と長くなってきました。どのライフステージにも大きな変化があり、それはこれまでの女性が経験したことのない新しい変化ばかりなのです。ですから、どう生きたらよいのかというお手本もマニュアルもありません。現代に生きるわれわれ女性たちが、試行錯誤しながらそれを模索している真っ最中ということになります。

これに、高齢化社会に伴う親やパートナーの介護の問題が加わります。いつ介護が始まり、どれくらい継続するのかは予測不能です。それに自分やパートナーの病気、場合によっては別居や離婚、成人した子どもとの関係なども問題になるかもしれません。まったく複雑きわまりない人生です。参考になるモデルがないなかで、私たち現代に生きる女性は、自分の置かれた状況を見極めながら、自分の生き方を創造していかねばならないのです。

3　就労事情の変化

現代女性の生き方に大きく影響している就労事情に関して、ごく簡単に述べておきたいと思います。図2をごらんください。年齢階級別の働く女性の割合（労働力率）の年代別の推移です。20代から50代女性の労働力率は全体的に著明に上昇してきていますが、諸外国と比較するとOECD加盟34ヵ国中まだ23位です（OECD「雇用アウトルック2016」）。そして、よく知られている女性特有の、子育て世代でぐっと落ち込む「M字カーブ」も年代によって大きく変化してきています。昭和50年、平成7年、平成27年と比べてみると、落ち込みの谷間がずいぶん浅くなり、また落ち込む年齢階級が出産年齢の高齢化とリンクして高年齢化しています。このようにM字カーブ現象は近年だいぶ解消されてはきましたが、欧米諸国では見られない日本特有の状況です。子どもを産んだら仕事をやめて子育てに専念するというライフスタイルを選ぶ女性もまだ多いことは事実ですが、その一方で、働きたくても子どもをあずける保育園がないという、待機児童問題の深刻さが現在大きな社会問題となっているように、子育て中の女性が働く社会環境の整備が日本ではとても立ち遅れていると言わざるを得ません。

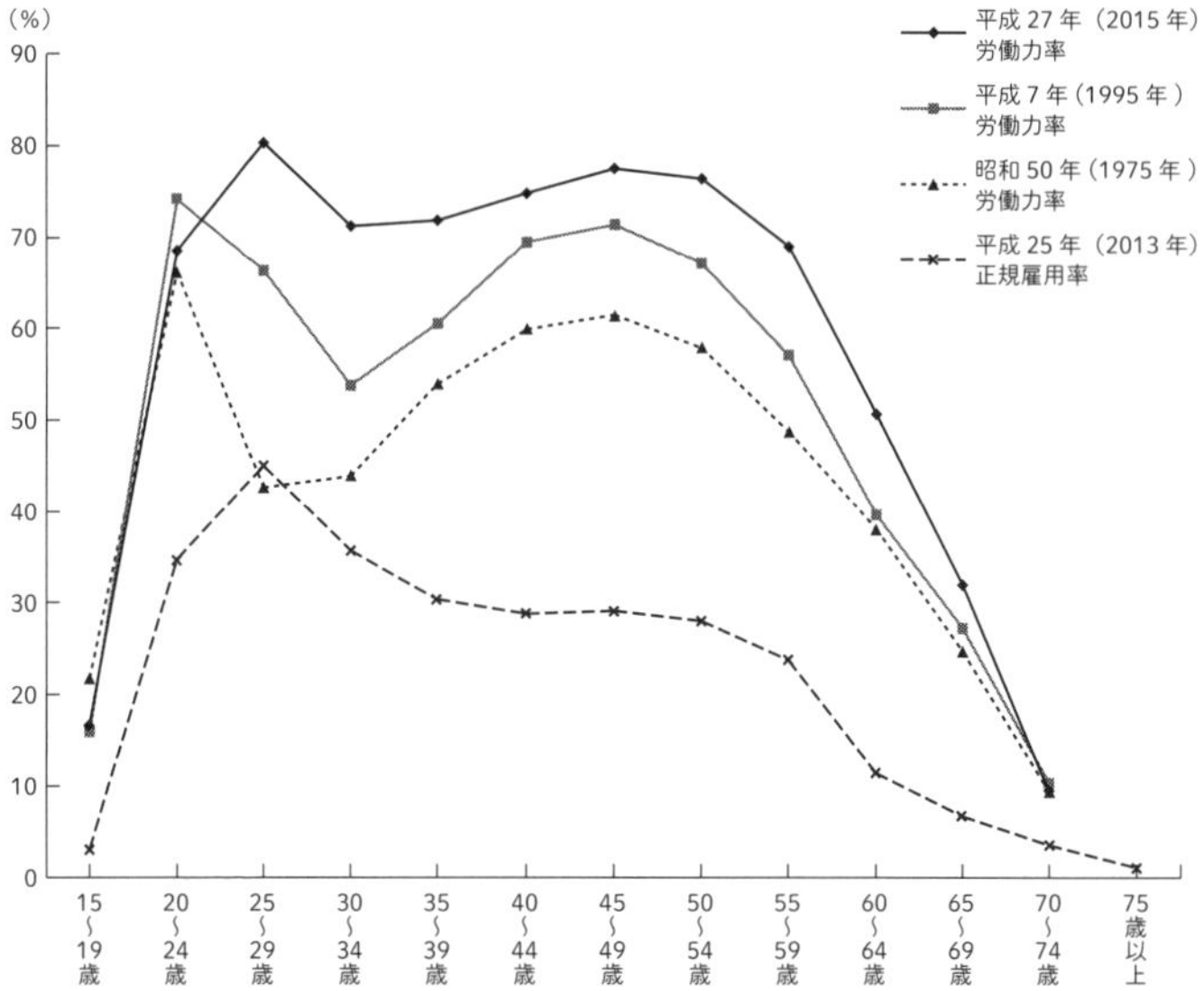

図2　女性の年齢別労働力率の年代別変化と正規雇用の割合

（備考）労働力率は総務省統計局「労働力調査（長期時系列）」より、正規雇用率は内閣府「男女共同参画白書（平成26年版）」より作成。

労働力率の階級は「70歳以上」まで、正規雇用率は「75歳以上」まで。

それともうひとつ、女性特有の状況は、非正規雇用者の割合の高さです。平成26年に女性全体では正規雇用者が43・3％、非正規雇用者が56・7％で、非正規雇用者が過半数を占めているのです。ちなみに男性では正規78・2％、非正規21・8％で女性とは大きく異なります。図2に点線で示したのが、平成25年の女性正規雇用者の年齢階級別割合です。全体的に低いのですが、特に結婚・子育て後にはぐっと減ったままで推移していることがわかるでしょう。すなわち、結婚・子育て後に再就職する女性はほとんどが非正規雇用だということになります。また、女性の賃金の低さも深刻で、平均して女性は男性の約7割です。もし女性が離婚して子どもを抱えながら生活することを想定すると、それは困難きわまりないのです。一方では、サラリーマンの妻（被扶養配偶者）のパート労働に対して、低年収では社会保険や所得税などが優遇されるという制度があります。これにより、日本独特の低賃金主婦パート労働者が生まれ、固定化して、「被扶養者であるから賃金が低くてもよい」という考えにもなり、男女格差をいっそう助長してきました。

このように、女性が働くこと、特に結婚後・子育て後に働くことにはさまざまな問題があるのです。

4　ライフサイクルの多様化

図3を見てください。これは現代女性のライフサイクルを一本の木に見立てて、女性がどのようなライフコースを選択するかをあらわしたものです。女性の生き方の選択肢は実に多様化してきました。

ほとんどの男性は学校を卒業したら自分が望む生き方を求めて職業をもち、会社が変わったりするにせよ、その道をまっすぐに進んで行きます。結婚して家族をもってもその路線は変わらずにそのまま進むでしょう。ちょうど一本の太い幹がまっすぐに伸びてゆく杉のように生きていくのです。もちろん途中で小さな枝はたくさんあるでしょうが。それに比べて女性は早い時期から、その後の人生を決定づける大きな岐路に立ち、いずれかの選択を迫られます。それは欅《けやき》の木のようだと私は思うのです。欅は一本の幹が間もなく何本にも枝分かれし、またその枝が再び枝分かれします。女性は青年期の職業選択、結婚、子育て、夫の転勤、再就職、親の介護などなど、ライフサイクルの節目節目で自分の生き方を問い直さねばならない局面に立たされ、思い悩むことがたびたび起きるのです。

青年期までは女性も男性とほぼ変わらず、自分が望む学校を卒業し、望む職業を選択で

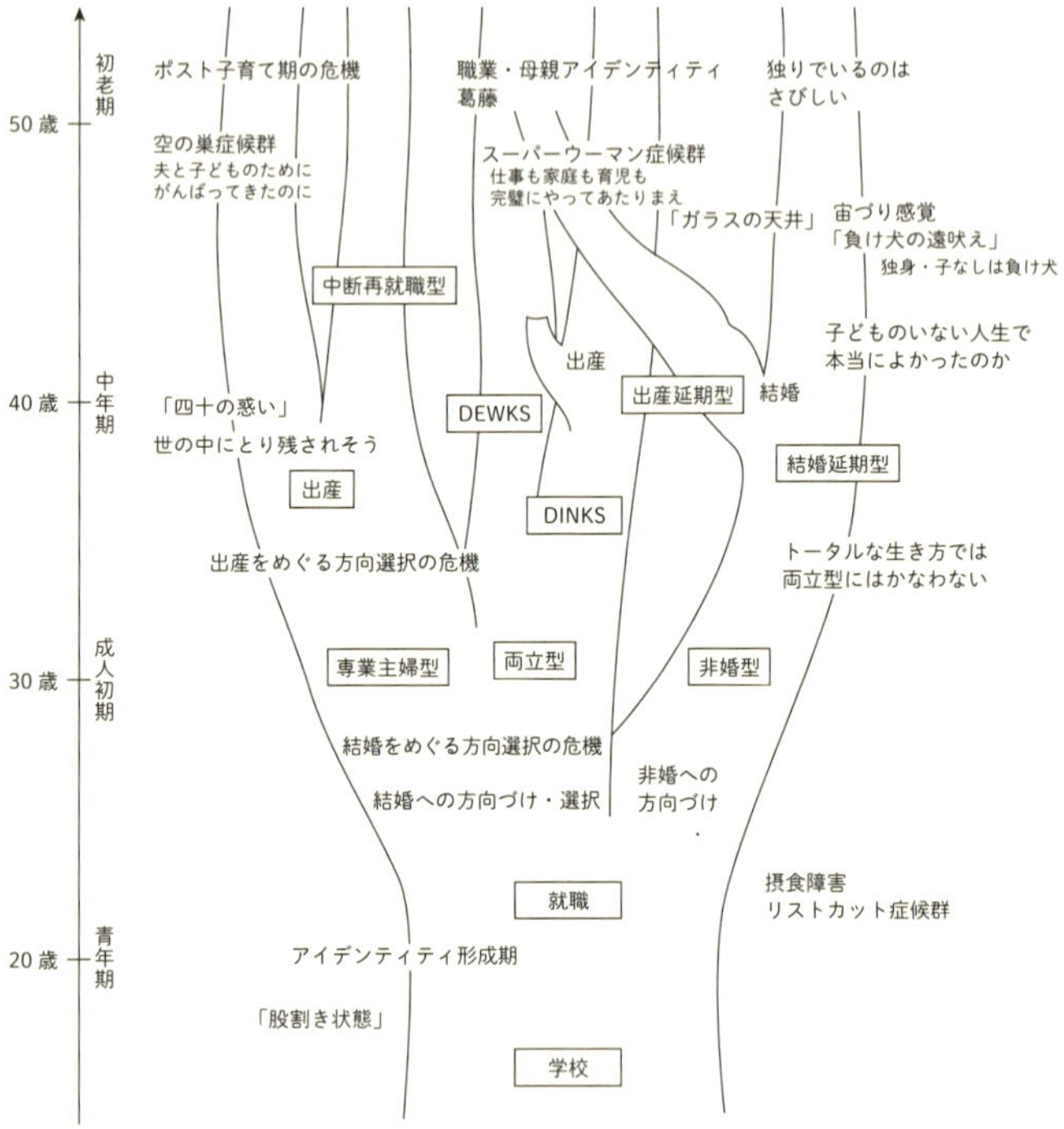

図3　現代女性のライフサイクルの木

（備考）岡本祐子による図（岡本祐子・松下美知子編『女性のためのライフサイクル心理学』福村出版）を一部改変（油井邦雄・相良洋子・加茂登志子編『実践・女性精神医学』（創造出版）に掲載された図をもとに作成）

スーパーウーマン症候群　結婚後も仕事を続ける女性たちが、仕事も、家事もすべてを完璧にやりとげようとしてストレスにより体調を崩すこと
ガラスの天井　glass ceiling 管理職の女性たちがトップの座に手が届かないという目に見えない性差別の状況。90年代にアメリカでよく使われた言葉
DEWKS　double-employed with kids 子どもをもって共働きする夫婦
DINKS　double-income no kids 子どものいない共働きの夫婦

きる時代になってきました。学生時代は実績（学業成績や各種の能力）に見合う評価が男女の区別なく得られます。そして、近年の就職難はありますが、多くの女性は仕事を得て社会人となります。そこまでは男性とほぼ一緒で、有能でがんばる女性ほど明るい将来への希望をもちます。

ところが、20代の半ばごろから、みずからが女性であること、女性としてどう生きるのかということが、周囲からも、そして女性自身の内面でも意識され、クローズアップされてくるのです。それまで培ってきた「自分らしく生きる」ということと、「女性らしく生きる」ということとのせめぎあいになるわけです。

私自身もこの時期は深刻に悩みました。まじめで熱心な女性ほど、仕事を続けてキャリアアップしていくのか、それとも結婚するかで悩むでしょう。何年か前に世界を制覇して日本中を沸かせた女子サッカーなでしこジャパンの牽引役、澤穂希《さわほまれ》選手にもそんなエピソードがあったとテレビ報道で知りました。夢中で仕事をしているうちに独身生活が長くなってしまった（非婚型）という女性も多くなってきています。生涯未婚率も先に示したとおり、男女ともに年々高くなっております。

従来どおり、やはり仕事をやめて結婚し、子育てに専念するという選択をする女性（専業主婦型）はもちろん多いでしょう。そして最近増えてきたのが、結婚しても仕事を続けるという選択です（両立型）。それもふたつに分かれて、子どもはもたないで夫婦共働きの人（ＤＩＮＫＳ）と、子どもを出産したあとも働き続ける人（ＤＥＷＫＳ）があります。いったん家庭に入ったあと、子どもがある程度大きくなってから再び仕事を始める「中断再就職型」も最近ではごく一般的になってきました。

まだこの図3には登場していませんが、「シングルマザー」という生き方も市民権を得つつあるかもしれません。しばらく前にフィギュアスケートの安藤美姫選手が堂々とシングルマザー宣言をして多くの人を驚かせましたが、それが彼女が選んだ道であるならば、それを貫こうとする彼女にエールを送りたい気持ちになりました。

図1でも示したように、女性の平均初婚年齢はどんどん高くなり、30歳に近づいてきています。その要因として考えられるのは、高学歴化もあるでしょうし、また20代後半から30代前半は仕事が面白くなってきたりして、結婚よりも自分らしく自由に生きることの方に魅力を感じる女性が多いことも考えられます。結婚しないまま仕事に打ち込んできた非婚型の女性のなかで、30代後半または40歳前後になってから結婚する気になったり（結婚延期型）、また遅い年齢で子どもを産んだり（出産延期型）する傾向も増えていることも

あげられるかと思います。

5　生き方の多様な選択肢とこころの葛藤

このように女性のライフサイクルはいくつもに枝分かれしていて、女性がいかに生きるかという選択肢は明らかに多様化し、拡大しました。しかも、そのいずれを選択するかは、多くの場合、その女性個人の主体性に任されているのです。このことは基本的には自由で魅力的な現象のはずなのですが、しかし、現代に生きるわれわれ女性は、ここ30年余の急速な変化にとまどっており、翻弄されているのが実情でしょう。また、表面的な現象と人のこころのなかの価値観や人間関係のあり方などさまざまな要素がからんで、とても複雑な葛藤を生み出してもいるのです。

そしてその選択は、こころの発達過程で自分らしい生き方を方向づける（アイデンティティを獲得する）青年期のみで終わるわけではありません。先にも述べたように、結婚、出産、子育て、職業との両立など、人生の節目節目に何回も方向選択の岐路に立たされ、そのつどアイデンティティに直接関わる問題を突きつけられるのです。そして、どのライフコースを選んでも、それを選んだ光と影が伴うのです。別の言い方をすれば、どの生き方を選んでも不全感が残るということです。要するに、女性がどのライフコースを選択したにせよ、その生き方のなかに、自分のあり方はこれでよいのかと問いかけるストレスやこころの危機が潜在していると言えるでしょう。

たとえば、専業主婦を選んだ女性の場合を考えてみましょう。内閣府の調査によれば、「男性は外で働き、女性は家庭を守る」というステレオタイプな性別の役割分担意識は、「どちらかと言えば」という回答も含めれば、20年前（1997年）は男女計で賛成が57・8％、反対が37・8％でしたが、2016年では賛成40・6％と反対54・3％に逆転しています。ちなみに、2016年では賛成が男性で44・7％、女性が37・0％で、男女間の差もあります。

また25歳から45歳までの子育て期間の既婚女性でも、最近は55％〜60％ぐらいが働いています。こんな社会状況からもわかるように、「専業主婦」という役割には本人もまわりもあまり価値を置かなくなってきています。

ある40歳ぐらいの患者さんは小学生の子どもから、「お母さんはどうして友だちのお母さんのように働かないの？」と問われて返答に窮し、働いていない自分は一人前ではないと感じてしまったと話していました。またある女性は、働き続けたかった仕事を夫の反対でやめて子育てに専念していますが、自分が社会の流れから取り残されてしまったようで自分の価値が下がったように感じ、かつての同僚の活躍がうらやましく、引け目を感じると話しました。この人とは逆に、夫から働くことを強く求められている40代半ばの女性は、不安障害があって仕事が続かずにやめたところ、夫から「お前は働かないで楽でいいよな、パラサイトだよ」とけなされてつらいと訴えました。

また自分で納得して専業主婦・子育てを選んだ女性も、それまでは自由に個性的な自分を生きてきたのに、「○○さんの奥さん」とか「△△ちゃんのお母さん」としか認識されず、拘束感も強く、忍耐とエネルギーを要する子育ては心身ともにとても大変で、育児不安に苦しんだり、孤独感に陥ったりすることも多いのです。

さらに、子育てや家族をケアする役割を終えた中高年女性の相談で多いのは「空の巣症候群」です。それまでは子どものため家族のためと迷わずがんばって充実した人生を送ってきたのに、子どもたちも独立してそれぞれの生活にかまけていて、誰も自分を求めない、家族をケアする必要性がなくなり、生きる張り合いもなくなってしまったというのです。自分一人が取り残されたようで、何をしても楽しくない、何をする気力もなくて寂しいと訴えます。ボランティア活動や習い事やパート勤めなどいろいろ試みても、どれにも張り合いを感じない。やる気が出てこず、自分は何のために生きてきたんだろうと考え込んでつらくなり、うつ状態になったりします。また、定年退職した夫と家に二人だけでいるのが耐えられないと訴える人もいます。夫と二人だけの老後をどう過ごすのかも大きな課題になってきています。

一方、仕事と家庭を両立させている女性はどうかというと、私自身もこのコースを選んだのですが、仕事も家事も育児もこなさねばならず、時間的にも身体的にも精神的にもとてもハードで大変です。そのいずれをも完璧にやりとげようとしてがんばりすぎて心身ともに調子をくずす女性も多く、「スーパーウーマン症候群」と呼ばれています。どんなにがんばっても身体はひとつなので、仕事も男性と同じにはやれないというジレンマと、家族に対しても十分なケアができないという罪悪感を持ち続けることになります。そして、いろいろな状況や場面で、いつも「仕事か家庭か母親のいずれの役割が大切か」というアイデンティティの葛藤で引き裂かれます。自分のために使う時間はなかなかとれません。

結婚せずに仕事に専念してキャリアをのばしてきた非婚型の女性はどうなのでしょう。みずからの意志でこの生き方を選択したにしろ、結果的にこうなったにしろ、40歳前後になると、自分はこのままでよいのだろうかという思いが生じます。まわりの友人たちが家族との生活を築いている様子を見ながら、自分はパートナーをもたないまま、子どもがいない人生で本当によかったのだろうか、一人で寂しい老後を迎えることになってしまうのだろうかなどと考えてしまったりするのです。

また、がんばってキャリアを積んできて実績もあげ、一応管理的な立場には立ったものの、それ以上の昇進は頭打ちで、見えない性差別に阻まれ、前にも進めず後にも引けない宙づり状態で悩む、いわゆる「ガラスの天井」状態の女性たちもいます。

6　ジェンダー・アイデンティティをめぐる葛藤と、「個」と「関係性」の揺らぎ

これまで述べてきた女性たちのこころの葛藤は、ジェンダー・アイデンティティをめぐる現代女性のこころの危機を示しているのです。ジェンダーとは、生物学的な性別（セックス）と区別して、社会・文化的な性別のことを言い、たとえば、先に述べた性別役割はジェンダー・ロールと言います。

また、アイデンティティとは「自分とは何者か」「自分らしく生きるとは？」というこ

とをめぐる感覚や価値観のことを言います。すなわちジェンダー・アイデンティティとは、女性である自分をどう受けとめ、どのように生きていこうとするのかということです。女性の生き方がこれほどに大きく変わり、多様化してきている状況のなかで、一人ひとりの女性が自分らしいジェンダー・アイデンティティをしっかりと獲得するのはなかなか大変なことです。

従来のライフサイクル論では、アイデンティティは青年期に獲得されるものだと考えられてきましたが、それは男性の場合であって、女性のアイデンティティの形成過程はそれとはだいぶ様相を異にしていることがわかってきました。

女性はそのアイデンティティの形成において、親、兄弟、友人、恋人、夫、子どもなど、自分の生育過程やこれまでの生活で親密に接してきた人から多大な影響を受けるのです。あるときにはその人によって、自分が生きていこうと思った方向を分断させられたり、転換を迫られたり、また場合によっては、愛するパートナーに影響されてみずから大きく生きていく方向性を転換することもあるでしょう。いずれもアイデンティティを修正することになります。男性がほぼ青年期にアイデンティティを形成するのに比べて、女性は成人になってからもアイデンティティの形成・修正を続けることになるのです。

また、女性の場合は、自分という「個」のアイデンティティをどう形成していくのかという側面と、「他者との関係性」によってアイデンティティを確認し、成熟させていくという側面が絶えず並行して存在し続けることになります。たとえば、従来の「女らしさ」という概念では、家族のニーズを汲んで期待されるケア役割を担うことが重視されてきました。この通念はだいぶ変わってきつつありますが、家庭ごとの違いや、親と子の世代間のギャップや、または男女間の価値観の相違などがあって、時に不幸なトラブルが生じたり、家族成員の誰かが深刻に悩むことにもなります。

現代に生きる女性は、個人として自分らしく生きていきたいという狭義のアイデンティティと、「女性である自分」を生きるためには欠かせない親密な人間関係との間に生じる深刻な葛藤に直面することをまぬがれることはできないのです。女性たちは、あるときはそのいずれかにシフトし、またあるときはその両者の激しいぶつかりあいに苦悩したり、バランスをとったりしながら試行錯誤し、「私である自分」と「女性である自分」を一人の人間である自分のなかで統合していこうと努力しているのです。

これまで述べてきたように、現代は女性が一人ひとり、とても多様な生き様を展開して生きています。そこで本書では、女性の人生を、一人ひとりが織りなしていく織物にたとえてみたらわかりやすいのではないかと考えました。それぞれが選ぶライフコースの違いは縦糸とみなせるでしょう。そして、先に述べたように、大切な人との関係性が女性のアイデンティティ形成に重要な影響を与えるので、一生を通して女性は人とどんな関係性をもって生きていくのかが大きな課題になります。その人との関係性を横糸と考えてみました。人生を生きていくプロセスで生じるさまざまな出来事や葛藤的状況を経験したときに、他者との関わりのなかで自分を探ろうとする、その姿勢が横糸となります。女性はそれを模様や変化として織り込んで、自分らしい個性的な織物につくりあげていくのだ、とイメージしてみました。それらはきっと、一人ひとりすべて異なる、それぞれの良さや味わいや特徴がある織物になっていくのではないでしょうか。場合によっては不幸な出来事が、努力と苦闘の末に、すばらしい創造性豊かな模様に織り上げられることもあるかもしれません。こんな考え方を軸にしながら、各執筆者が思い思いの論を展開していきます。それぞれの考え方が少々異なることもあろうかと思います。

女性の生きづらさの問題状況は一人ひとり異なり、千差万別です。その人が置かれた環境や状況や成育歴の違い、本人やまわりの人々の世代や性格や価値観や考え方の違い、社会情勢の変化をはじめとする多数の要因が関与しますので、似たような状況でもこころの危機状況のあり方はそれぞれ異なるでしょう。

私たち3人がそれぞれ臨床の場で経験している多くの女性の生きがたさを、できるだけ具体的に、事例を交えながら紹介しており、それに森田療法の考え方を生かしたアドバイスをしています。

ここで、本書に登場する事例はすべて仮名であり、内容も実際の出来事を脚色した架空のケースであることをおことわりしておきます。

これらの問題はけっして他人事ではなく、私たち3人も自分が感じ経験してきた生きづらさを重ねながら書きました。そしてできるだけ、現代に生きる女性たちがどうしたら自分らしく生き生きと生きられ、ともに生きていく家族ともども幸せな人生が送れるのかを念頭に置きながら執筆したつもりです。少しでも参考にしていただけたら幸いです。

7　本書の構成について

女性の生きづらさを考えるためには、各年代別にとらえるのがわかりやすいだろうと考えて、本書では次のように章立てしました。

本章（プロローグ）では、現代女性に見られる生き方の変化とそこから生じるさまざまな問題を総論的に説明しました。

Ⅰ章では、執筆者3人の共通項である「森田療法」について、簡単に解説しました。女性の生きづらさにどう対処していくかということに、森田療法の考え方が大いに役立つと考えたからです。

続いてⅡ章～Ⅴ章では、各年代（青年期・成人期・中年期・高年期）別に女性の生きづらさをとらえて、それぞれ特徴となる問題を論じ、具体的な事例をあげてそれらの問題にどう対処するかをアドバイスしました。

Ⅵ章では、ケア役割や共依存など、年代にかかわらず女性特有の問題が現れる状況や事例をあげて検討しました。各章ごとに少々重なる部分もあるかと思います。

エピローグでは全体を締めくくったうえで、「生きづらさ」から「生きがい」へとどのように転換していくのかを考えていきます。

それでは、これから女性の生きづらさを各論的にくわしく探ってみましょう。

参考文献

岡本祐子「女性のライフサイクルとこころの危機」（「こころの科学」１４１号、日本評論社、２００８年）
岡本祐子「現代女性をとりまく状況」（岡本祐子・松本美知子編『女性のためのライフサイクル心理学』福本出版、１９９４年）
加茂登志子「女性のためのライフサイクル論」（油井邦雄・相良洋子・加茂登志子編『実践・女性精神医学』創造出版、２００５年）
厚生労働省「平成28年人口動態統計月報年計（概数）の概況」
総理府「女性の現状と施策」平成７年版
内閣府「男女共同参画白書」平成16年、26年、27年、29年版
内閣府「男女共同参画社会に関する世論調査」平成28年
内閣府「女性の活躍躍進に関する世論調査」平成26年
日本婦人団体連合会編『女性白書２０１０』（ほるぷ出版、２０１０年）

Ⅰ　女性の生きづらさと森田療法の考え方——悩みを解消するヒント

1　森田療法とは

森田療法は、わが国で生まれた独創的な精神療法として、国内だけでなく海外でも広く知られています。精神医療の場では種々の神経症の治療法として有用ですが、臨床医療の場を離れても、人々の日常生活上の悩みや生きづらさ、自分はどう生きるべきか、老いや病や死への不安、人生観などに関わる領域でも、深い人間理解に基づいた認識と解決への知恵をもたらしてくれます。悩める現代人のこころのケアや、メンタルヘルスの分野でも広く活用されています。

森田療法は、東京慈恵会医科大学精神科の教授だった森田正馬《まさたけ》（1874―1938）が、みずからも神経症に悩んだ経験もふまえて、1919年（大正8年）に創始しました。森田は近代西洋の精神医学に基づいて、その当時難治とされていた神経症の治療法を試行錯誤の末に確立しました。しかし、そのバックグラウンドには、森田自身が素養として身につけていた東洋の哲学、宗教、精神医学、心理学に基づいた人間学が脈々と流れています。そうした東洋的な人間学を活かした森田療法では、人間の悩みは自己中心的な愛や欲望の過剰（我執）であると理解し、私たちが生きることに伴う苦しみの源泉であると考え、

「生きること」そのものを治療の中心にすえます。すなわち、東洋的人間学による人間理解がベースにある森田療法は、「生きること」そのものに行き詰まりを感じている人の悩みの解決に適していると言えるでしょう。私自身が森田療法に強く惹かれる所以《ゆえん》でもあります。

2　生きることの悩み

現代に生きる私たちは、さまざまな不安を抱えながらも、飢えや強い差別からは解放されて、かなり恵まれた生活を営んでいます。男性も女性もどう生きるかは個人の意志が表面的には尊重されています。しかし、このような自由とある程度の豊かさが保障されているからこそ、個々人の考え方や価値観や行動、すなわち生き方がよりいっそう問われることになり、深刻に悩まざるを得なくなっているのが現代かもしれません。自分がいかに生きるか、自分探しを自力でなしとげなければならないのです。

親は昔よりも少ない子どもを大切に育て、能力に応じた教育を熱心に受けさせ、より良い人生が送れるように腐心します。親の期待（欲望）に沿うことが子には求められ、内在化され、自己の肥大した欲望がふくらんでいきます。末はアイドル、アスリート、アーティスト、宇宙飛行士か、教授か社長か大臣か、はたまたその令夫人か……と夢はふくらみます。可能性が開かれているからこそ、努力をすれば誰でも実現できそうに思ってしまいます。しかし、現実ではなかなか思うようにはならず、そのギャップに悩むことになります。そこから生きる悩みが生じてくるのです。

「こんなはずではなかった」「もっとこうならねば」「どうして自分ばかりが……」などという女性たちのつぶやきが聞こえてきます。「これさえなければ」と思って悩みのもとをなくそうとしたり、恨んだりしますが、あがけばあがくほどその苦しさは増し、悩みは深まってしまうのです。

3　森田療法では悩みをどう理解するか

森田療法は、悩みや不安の原因を探してそれを取り除こうとするのではありません。むしろ人間の悩みや不安を、生きていくうえで必須のものとして理解し、そのことに気づき、それらを包み込むこころのあり方を重視しているのです。そのこころのあり方をつくる過程そのものが、その人の成熟や成長に結びつき、また真の自分を見つけ、自分の生き方に気づくきっかけともなります。

私たちは「より良く生きたい」という欲望をもっています。しかし、その欲望がまた私たちにつらく苦痛な感情を引き起こします。不安、迷い、恐怖、嫉妬、羨望、劣等感、憎しみ、恨み、怒り、悲しみ、絶望などなど、それらの感情が生じるとてもつらいので、どうにかそれをなくしたい、取り除きたいと思います。しかし、取り除こうと思えば思うほど、そのつらい感情や悩みは弱まるどころかいっそう強まります。森田療法ではこの現象を悪循環（精神交互作用）としてとらえ、この悪循環を断つことを治療の目的とします。

森田は、人が基本的にもっている「より良く生きたい」という欲望を「生の欲望」と呼びました。しかし同時に、欲望があれば、それを脅かされる恐怖も当然生じます。つまり、人が生きてゆくうえで感じる不安や悩みや恐怖といった不快な感情は、避けることができない自然な現象であると考えたのです。

「健康で長生きしたい」と欲求すれば、「病気になったらどうしよう」という不安が生じ、がんを宣告されたら死の恐怖におびえるでしょう。欲望と恐怖（苦悩や感情）はいずれも人が操作することのできない自然現象なのです。そして森田は、欲望と恐怖との調和が大切だと説き、それをあるがままに受けとめれば、こころには自然な治癒《ちゆ》力が働くと考えました。自分のなかの「自然なるもの」（欲望・感情・感性）を受け入れ、その人固有の生き方を探求していけるようになることが森田療法のめざすところです。

「自然に服従し、境遇に柔順なれ」と森田は言いました。これはけっして消極論でも悲観論でもありません。不安や恐怖を「あるがまま」に受け入れることができれば、本来の生きる欲望が自然に発現してくると森田は考えました。自分のこころに感じたままの感情を批判することなく受け入れる態度が整うと、はからわない「純な心」が発動するのです。

しかし、つい私たちは、この不愉快な身体感覚や感情や欲望を、観念や思考で自分の思うままにコントロールしようとします。現代に生きる私たちは観念や思考が万能であり、それですべてがコントロールできるはずだと思い込んでいないでしょうか。それは、自然な現象である悩みを人為的に操作しようとしていることになります。森田は人間の悩みの基本構造を、自然と思考（思想）の対立だと考えました。「かくあるべし」「かくあらねばならない」「そうあってはならない」などと自己中心的な自己が完全をめざすと、現実の自己を受け入れられず、葛藤が強まるか、あるいは逃避することになって、いっそうみじめになるでしょう。森田はこのことを「思想の矛盾」と呼びました。すなわち、悩みをもちやすく、そこからなかなか抜けられない人は「かくありたい、かくあらねばならないと思考する」人で、そのような観念や自己執着的なあり方で自分自身と周囲の世界へ関わろうとしているのではないでしょうか。それがその人の悩みをつくり、増大させ、蟻《あり》地獄のような悩みの世界に自分自身を追いやってしまうのでしょう。

4　感情の法則とあるがままの態度

森田療法では治療の焦点を感情に向けます。すでに述べてきたように、観念や思想（思考）で感情を操作しようとすると、思想の矛盾に陥ります。不安を取り除こうとすればするほど不安はふくらんでいき、それに圧倒されてしまいます。森田は「不安心即安心」と言いました。不安のままでいるこころ、あるいは不安をそのまま抱えられるこころの器があれば、不安を受け入れることができ、そのまま安心となるということです。

感情には次のような事実があると森田は考えました。

①感情は、生じるまま、自然発動のまま、そのままに放任していれば、その強さの経過

は山形の曲線をなし、ついには消失する。要するに感情は、そのままにしていれば変化して流れる。

②感情は、その衝動を満足すれば（行動に現せば）消失する。

③感情は、その感覚に慣れるに従い、その鋭さを失い、次第に感じなくなっていく。

④感情は、その刺激が継続して起きるときと、注意をそれに集中するときにますます強くなる。

⑤感情は、新しい経験によって体得し、その反復によってますますその情は養成される。

すなわち、「人間の感情は自然なもので誰の責任でもない。それはただ時に任せて放置するしかない」ということを知り、受け入れることが大切なのです。しかし一方、人間は自分の意志で行動できるので、感情をそのまま自分のものとして引き受けながら、日常の行動または自分がしようと思っている行動を実践していくことが重要です。そうすることによってとらわれから解放され、行動していくうちに感情もまた変化していくのです。これもまた森田療法でいう「あるがまま」の態度です。

森田の後を継いで慈恵医大精神科教授をつとめた高良武久は、森田療法を現代化して発展させましたが、「あるがまま」に関して次の二点をあげて説明しています。「あるがまま」とは、第一には、症状あるいはそれに伴う苦悩や不安を率直に認め、それに抵抗したり、否定したり、ごまかしたり、回避しないでそのまま受け入れることである。第二には、症状をそのまま受け入れながら、しかもその人が本来もっている生の欲望にのって建設的に行動することであり、これが単なるあきらめと異なるところである。症状に対してもあるがままであるとともに、「向上発展の欲望」に対してもあるがままなのであると述べています。

その時々の感情を受けとめ、引き受けながら、考え、行動することが、その人の心の器を大きくし、成長することにつながっていくのです。

5　とらわれの悪循環と対処法

私たちは人生のさまざまな危機に直面したり生活のある場面で不安や恐怖を感じると、自然に不快な心身の反応が生じます。しかし、その反応を自分の弱点や、あってはならないものと考えて必死に取り除こうとする人がいます。すると、取り除こうとすればするほどその不快な反応はひどくなり、よりいっそう意識がそのことに集中していき、そのことばかりを考えてとらわれてしまい、不快な反応はさらにひどくなるという悪循環に陥ってしまうのです。そのとらわれの悪循環に注目してそれを断ち、柔軟でその人に合った生き方を見出すのを援助するのが森田療法的な治療姿勢です。

対人関係で悩むA子さんの事例で考えてみましょう。「人前であがってしまう。人とうまくしゃべれない」「人前でしゃべらなくてはいけない場面では頭が真っ白になってしまうので、PTAの役員もできない。学級懇談会も欠席してしまう」「人からどう評価されているかが気になり、人に対してすごく気をつかう」「こんな自分はダメ人間だと思って落ち込む」などと訴えるA子さんです。

A子さんの思い描く〝理想の自分〟は、「人前では堂々としていて」「人前でもスラスラと流暢《りゅうちょう》にしゃべることができて」「人の評価など気にせず、誰とでも親しくできる」人なのですが、〝現実の自分〟はそれとはかけはなれているのです。A子さんはそれが受け入れられず、「こんな自分ではだめだ」と否定し、〝理想の自己〟を肥大化・硬直化させて、「かくあるべき」「かくあらねばならない」と強固に思い込み、「人前では堂々としているべき」「人前ではスラスラと話すべき」「友だちと完璧な人間関係を築くべき」などという勝手につくりあげた自分の規範に縛られた考えにとらわれているのです。

そうするとこころの柔軟性が失われ、周囲の状況に対する適応力を失ってしまいます。友人のちょっとした言葉や表情も気になってしまい、話さねばと思うとどもったり動悸がしたりして、結局必要な発言もできず、おしゃべりにも加われません。そんな自分と他人を比較してさらに劣等感に悩み、ダメな〝現実の自分〟をいっそう否定して〝理想の自分〟を肥大化させていくというとらわれの悪循環に陥っていきます。うまく話さねばと思えば思うほど緊張して苦しくなり、次第に人との交流を避けるようになってしまい、さらに人との交流が恐怖になっていくという行動面・生活面の悪循環も強まっていくのです。

こんなA子さんがこの悩みを乗り越えるための森田療法的な考え方や対処方法を示してみましょう。A子さんは一見気の弱い、傷つきやすい性格に見えます。しかし、彼女の心の奥には、人に負けたくない、人並み以上の人間になりたい、人と親しく交流したい、人から認められたいという強い欲求があると言えるでしょう。それこそがA子さんのこころの真の欲求（生の欲望）です。欲求が強いほど不安や悩みも強いものです。人からどう思われてもかまわないという人は、人前で恥をかいても悩まず、どうしたらもっとうまく話せるだろうかという努力もしないでしょう。

A子さんが自分の真の欲求、より良く生きたいという根源的なエネルギーをもっていることに気づき、不安感はそれと表裏一体なので当然強く生じるものなのだと認識でき、受け入れられれば、不安を次のように読み替え、乗り越えていけることでしょう。

①不安（または症状）はより良く生きたいという欲望から生じる誰にでもある現象である。欲望が強いほど不安も強い。↓欲望と不安は表裏一体
②人が悩むのは、その人に欠点や欠損があるためではなく、過剰に完璧に生きようとするからである。↓欲望からの不安の読み替え
③不安（または症状）は逃げようとすればするほど、取り除こうとすればするほど強まる。↓不安の逆説
④不安（または症状）をもちながらでも、人は多くのことができる。↓発想の転換
⑤不安（または症状）をコントロールするのではなく、受け入れていく。↓感情への認知の修正
⑥問題の解決は不安を取り除くことではなく、不安をみずからのものとして引き受け、そして不安だからこそプラスの努力を続け、他者との対比ではなく自分を正当に評価

し、自分のあるがままの自己実現を求めていくことだ。↓生きることに焦点を合わせる

不安や恐怖などに左右されるのが気分本位とするならば、それを引き受けつつも、生活での実践的な行動をしていく態度を「事実本位」「目的本位」「行動本位」と言います。たとえばA子さんの場合で言えば、PTAの役員をいやいや引き受けたとします。会合で大勢の前で報告をしなければならない役目になったときは不安で不安でたまらなくなるでしょう。そんなとき、私はA子さんに、「アナウンサーのように上手に話すのが目的ではないでしょう。しどろもどろでよいから、報告事項が皆さんに概ね伝わればよいのですから。緊張しながら、つっかえながら報告しましょう。それがあなたの役目であり目的です。どういうふうに話せば聞き手にわかりやすいか工夫してごらんなさい。まじめに悩んで努力するのがあなたの良いところですよ」などと話します。そして不安ながら報告してみると、どうにか役目を果たせて、場合によっては思ったよりもきちんと話せて安堵するでしょう。

6　森田療法は生き方を示唆してくれる

森田自身も神経症で苦しみ、弟、一人息子、妻を亡くし、また病身の生活を余儀なくされたりとさまざまな人生の苦難を経験しました。最愛の息子の死というもっともつらい喪失体験をしたときに森田は、人目も憚《はばか》らず号泣して悲嘆にくれたということです。そのときの心境を、「死は当然悲しい。どうする事もできない、絶対であって比較はない」と述べています。また、病気がちで死に直面し続けた晩年には、「死は恐れざるを得ない」（われわれは生きることに伴う不安、恐怖、さらにはわれわれの限界を受け入れざるを得ない）と言って、具合が悪いときにはとても不安がったといいます。しかし森田は死の不安におののきながらも、「欲望はあきらめることができない」（われわれは自己実現をあくまでも追求する存在である。固有の生き方を求めていく存在である）と言い、その時々の容体に合わせて勉学や指導をしたと言います。

また森田は「事実唯真《じじつただしん》」ともよく言いました。自分のこころに湧く感情は操作できない事実そのものであり、それをしっかりと受けとめ自覚することで、生きる姿勢が変わっていくのです。感情のみではなく物事の事実や出来事など「事実」の意味するものはとても広く、変えられない事実を変えようと不可能な努力をしているときに人の悩みは増大するのではないでしょうか。たとえば、自分が老いてきている事実を認めたくないときなどがそうでしょう。また過去への後悔も苦しいものです。「あのときこうしなければよかった」「別の選択をしていればこうならなかったのに」などと悔やんでもその日は戻ってきません。森田は「前を謀《はか》らず、後ろを慮《おもんぱか》らず」とも言っています。事実をありのまま認め受け入れつつ生きることを提唱しているのです。

思うようにいかないことに遭遇したときに、「誰々さえ○○してくれればうまくいくのに」「お金さえあれば……」などとその境遇を恨みたくなります。しかしそれが変えることができない現実であれば、いつまでもこだわっていても仕方がありません。自分が置かれている境遇のなかで、自分が生きたい方向に向けて努力するしかないのではないでしょうか。私自身、70歳を越えておりますが、歯も抜け、しわが増え、白髪になり、物忘れもときどきするわが身を受け入れたくはありませんが、仕方がありません。しかし、これまで培ってきた仕事の延長としがらみでけっこう忙しい日々を送っていられることを、とても感謝している今日このごろです。

どうしても変えられないことと、努力すれば変えられることがあるでしょう。そして、いま直面していることが変えられるのか、変えられないのかを見分ける賢さをもちたいものです。内容によっては、時期や状況によって、変えられるもの・変えられないものの判断が変わることもあるでしょう。それを自分の感性と知恵で見分けて、「変えられること」にエネルギーを注いでいけば、どんな境遇にいても自分らしい自己実現ができるのではないでしょうか。これが森田療法的な生き方です。

あるがままに生き、不安にも負けず自己実現に向かうというと、とても強い人格をイメージされるかもしれません。ですが、けっしてそうではないのです、自分がいかに不完全で、弱くて、無力であり、自分の力に限界があるのかをしっかりと認めて受け入れているのです。そうなることで本当に主体的な自分が生まれて、「今ここで」何をすべきかが見えてきます。

前にも述べましたが、女性は自分がこう生きたいと思っても、家族など大切な人との関係が大きく影響して、なかなか思うように生きられない場合が多いものです。現代に生きる女性は、自由に生き生きと生きている人がいる反面、さまざまな生きづらさを体験したり、壁にぶつかったりしている人も多いことでしょう。しかし、その悩みが深く多彩であればあるほど、それに向き合って自分らしい生き方をつかんでいく女性が人生で織り上げていく織物は、個性的で味わい深くすばらしいものになっていくのではないでしょうか。

7　森田療法の実際

では、森田療法は実際どのようにおこなわれるのでしょうか。

もともと森田療法は入院治療のスタイルでおこなわれていましたが、現在ではほとんど外来診療や、心理カウンセリングの形でおこなわれています。森田療法に精通した精神科医や臨床心理士などの森田療法の専門治療者が精神療法や心理療法スタイルでおこなっており、外来森田療法と呼んでいます。われわれ3人もそれぞれの場、精神科クリニックや病院などの外来でおこなっているのです。最近は心理相談室での相談も増えてきています。また、森田療法を学んだ治療者たちによって、学校カウンセリングの場や産業カウンセリングの場などでもおこなわれています。

診療や相談のスタイルは多様で、一般精神科外来のなかでの場合や予約制だったり、心理相談室のカウンセリングだったり、時間もさまざまです。私のクリニックではグループ療法でもおこなっています。しかし多くは治療者との1対1の面接スタイルと考えてよいと思います。一人の治療者と向き合って、まず、悩みや症状の状況、こころの動き、経過、家族関係や職場の人間関係などをじっくりと話します。そして治療者は、悩みの本質をともに探り、とらわれの悪循環に気づき、その修正を図ることを支援します。そのためには、面接や診察のみではなく日記を用いる場合があります。また、面接場面での治療だけでなく、実際の生活場面でも提案した森田療法的な考え方や行動を実践することを重視します。森田療法は体験療法とも考えられていて、生活の場で体験・実感することを大切にします。最終段階では、生き方の歪みも修正していくことになるでしょう。

また、森田療法を用いて神経症的な悩みから解放されることをめざす自助グループとして全国規模で活動している「生活の発見会」があります。各地域で、神経症の回復者の方たちが「集談会」と呼ぶ会合を開いていて、参加は自由です。生活の発見会は、全国各地域で森田療法をおこなっている医師（協力医）を把握しています。

巻末に「森田療法をもっと知りたい方へ」という項を設けておりますので、ご参照ください。生活の発見会の紹介もしております。

森田療法の考え方を知って、自分の悩みが和らぐのではないか、自分の生き方を見直してみたい、と考える方がおられたら、ぜひ一度森田療法の治療・相談の門を叩いてみてください。
また、森田療法関係の書籍が多数出版されております。一般向けのわかりやすい本もたくさんありますので、本を読むだけでも多くのことが学べると思います。関心がおありの方はぜひ手に取ってみてください。

参考文献

北西憲二『実践・森田療法』（講談社、１９９８年）
北西憲二『我執の病理』（白揚社、２００１年）
北西憲二（監修）『森田療法のすべてがわかる本』（講談社、２００７年）
北西憲二『回復の人間学』（白揚社、２０１２年）
北西憲二『はじめての森田療法』（講談社現代新書、２０１６年）
北西憲二・中村敬編著『森田療法』（ミネルヴァ書房、２００５年）
高良武久『森田療法のすすめ』（白揚社、１９７６年）
森田正馬『森田正馬全集　第五巻』（高良武久他編、白揚社、１９７５年）

II　青年期——自分らしさと女性らしさを探る時期

1　青年期とは

青年期とは、厚生労働省の健康日本21によると、15歳から24歳くらいまでを指します。身体的には生殖機能が完成し、子どもから大人へ移行する時期と言われ、心理学者のエリクソンは、青年期の発達課題として、「アイデンティティの確立」をあげています。青年期は、家族から外の世界（社会）へと人間関係が広がる時期です。青年期の女性は、家族や友人、同級生、先輩後輩、学校の先生、同僚、上司などさまざまな人たちとの関わりを通して、「自分とは何者か」「自分は何のために生きているのか」などと絶えず悩みながら、自分らしさや女性らしさを成熟させていきます。

プロローグで述べられているとおり、現代では、女性の生き方の選択肢は昔よりも格段に広がっています。性別による職業選択の縛りが少なくなり、これまで男性の仕事とされてきた職場にも女性が進出するようになりました。近年は、「主夫」や「イクメン」という言葉が定着してきたように、「家事や育児は女性の役割」という考え方にこだわる人は少なくなり、「結婚しない・出産しない」という選択も、個々人の生き方の自由としてある程度は認められるようになっています。このことは、現代を生きる若い女性たちにどのような影響を及ぼしているのでしょうか。

昔の女性は、「女性だから仕方がない」「これが自分の運命だ」などとあきらめ、自分の置かれた境遇のなかで女性の役割を果たす人生が当たり前とされていました。そして、女性は（男性もですが）小さいころから自分の性とその役割を意識して育ち、若いうちは花嫁修業にいそしみ、結婚したら子を産み育て、家を守るというような、お手本どおりに生きることをよしとしました。

しかし今日では多様な生き方が可能になっているため、生き方を自由に選べる良さがある一方、昔の女性のようなお手本なしに、手探りで自分自身の生き方を探らなくてはなりません。そのため、どの道を選んでも、「この選択は本当に正しいのか」「自分にはもっとふさわしい生き方があるのではないか」という迷いや後悔が生まれることも多いのです。

そして、人生の選択肢の多さが、かえって「あれもこれもできるはず」「あれもこれもやりたい」などという、場合によっては過剰とも言える欲望が生まれやすい時代でもあります。今の老若男女の多くが、この過剰な欲にとりつかれている、と言ったら言いすぎでしょうか。

もちろん、過剰な欲といっても、その欲望に沿ってみずからが試行錯誤をしていくならば、今より充実した生活を得られることもありますし、経験を重ねることそのものが現実の自分を深く知る機会になり、人として成熟することができます。この場合は向上心、チャレンジ精神と言い換えられるでしょう。しかし、自分の過剰な欲を誰かによって満たそうとする場合は、しばしば無理が生じます。特に親が自分のかなわなかった夢を子どもに託す場合などは、無理が生じる代表例でしょう。たとえば、親の勧める大学に進学したものの、実は自分のやりたい分野ではなかったためにあとで苦しむ青年の話はよく聞くことです。また、親の価値観に従う「良い娘」であることに疑問をもたずに生きてきた女性も、いざ社会に出て行く段になると、主体的に生きていく術がわからず苦しむことがあります。

家から学校・社会へと活動の場が広がり、自立と社会化へと向かう過程では、まわりが自分を受け入れてくれるのか、評価して（認めて）くれるのか、愛してくれるのか、などの不安はつきものです。また、自分の役割を果たそうとする意識の強い人であれば、きちんとできているかどうかを重視して周囲の評価に一喜一憂したり、相手の思惑どおりに動いて疲労したりする傾向が強くなるかもしれません。ましてや「自分らしさ」がまだ十分つかめていない青年期であれば、なおさら他者の評価は重要な位置を占めるでしょう。相手との距離が近すぎて傷ついたり、逆に遠すぎて孤独を感じたり、また周囲と自分を比較して劣等感、嫉妬心や羨望などに苦しんだり、逆に優越感をもつ自分を嫌悪したりなど、他者との関わりはさまざまな感情を生みます。人によっては、理想の人物像と今の自分とを比較して悩んだり、いわゆる「世間体」を気にして悩んだりなど、目には見えない「他者のようなもの」の評価に縛られ苦しむ場合もあるでしょう。このように青年期は、さまざまな経験を重ねることで「自分とは何者か」を常に考えさせられる時期であり、多様な生き方のなかのひとつを選びながら「自分らしさ＝自分らしく生きること」を獲得する時期と言えるのではないでしょうか。

またこの時期は、他者と親密な関わりをもつ能力を育む時期でもあります。この「他者」とは、親・兄弟姉妹・親戚・社会的な交流における知人（職場、学校など）・友人・恋人あるいは配偶者などを指します。これらの他者との関わりを深めていくなかで、先に述べた「自分らしさ」をめぐる葛藤だけでなく、「女性らしさ」をめぐる葛藤も生じてきます。

性別による縛りが少なくなっている現代でもなお、男性とは異なり、家事・育児といった「女性の役割」を家族や世間から期待され、その期待に応えることではじめて女性としての価値を認められる、という面は依然として存在するように思います。しかしこのような「女性の役割」を果たすことは、慈愛や母性など「女性らしさ」の成熟にも重なる面でもあり、どうしてもある程度は避けて通れない課題ではあります。女性が成熟していくうえでどこまでこうした周囲の期待に応えるのか、またどこから切り捨てるのか、あるいはあきらめるのか、などの選択は、各々の生き方の選択にもつながるとても難しい問題です。以上のように、女性の青年期は、「女性らしさ」の基礎をつくる大事な時期でもあるのです。

2　青年期女性のさまざまな悩み

ここでは、青年期における他者との関わり方をめぐる問題について、私のクリニックに来られた患者さんを通して考えてみたいと思います。この方たちは、他者との関わり合いのなかで悩みながら、どのように自分の生き方を振り返り、どのように新しい生き方を模索していったのでしょうか。なお、これらは実際の事例を組み合わせて脚色した架空の症例であることをご承知おきください。

1　家族との関係に悩む
――不安で外出できないユウコさん

はじめに述べたとおり、青年期の発達課題には「アイデンティティの確立」があげられます。青年期の女性は、さまざまな人たちと関わり合いながら、悩み苦しみながら生き方を選択していきます。特に親や兄弟姉妹など近い立場にいる人たちとの関わりは一番影響を受けやすく、そうした人たちの思惑を優先しようとすると、自分の本音が言えなかったり、それが極端になると自分の本音がわからなくなったりすることもあります。

ユウコさんは23歳の女性です。大学2年のときに教室で授業を受けていて、ふと「人がたくさんいる。授業中はここから出られない」と意識したところ、突然動悸と冷や汗、吐き気などが出て、強い不安感に襲われ頭が真っ白になる、というパニック発作を起こしました。その後は授業中だけでなく混んだ電車のなかでも同様の症状が出現するようになりましたが、早朝の空《す》いている電車に乗るようにして、何とか通学していました。しかし、サークル活動やアルバイトなどは、「もしもまたあの発作が起こったら、皆に迷惑をかけてしまう」という不安から、やめてしまいました。

ユウコさんは「このような状態では責任ある仕事はできない」と考え、就職活動をせずに卒業し、家事手伝いをして過ごしていました。そして外出への不安が徐々に悪化し、ついに近所への外出もできなくなってしまいました。このままでは自分がどんどんダメになると思い、意を決し母親に付き添いを頼み、クリニックを受診しました。そこで私は、森田療法の考え方を生かした外来森田療法に導入することにしました。

「不安はそのまま放っておけば、いずれ必ず流れて消えるものです。不安を取り除こうとするとますます強くなるので、不安なままでこれまで避けていた行動や、生活上の必要な行動、やりたい行動をできるところからおこなってみてください」と伝えました。ユウコさんは初診のときには外出がほとんどできない状態でしたが、母親に付き添ってもらいながら徐々に行動範囲を広げ、ついに一人で外出ができるようになりました。さらに、これまで避けていた行動、たとえば買い物や親戚の会合などにも積極的に行きました。このような行動面の著しい改善の割に、症状は一進一退でした。パニック発作を起こすたび、ユウコさんは落胆を隠せない様子でした。

面接では、症状にまつわる感情や生活のなかで起こる感情、そして友人関係や家庭内の生活状況について尋ねました。ユウコさんの父親は感情の起伏が激しく、機嫌のいいときは優しいのですが、何かいやなことがあると家族に感情的に八つ当たりするので、母親とユウコさんは父親の顔色をいつもうかがっていました。母親はその苦痛から逃れるためか、習い事やパートタイムの仕事に邁進《まいしん》し、家には不在がちでした。一人っ子のユウコさんは、小さいころから母親の愚痴の聞き役でした。そして、両親がケンカしそうになると仲裁に入ったり、話題を変えたり、明るい雰囲気を努めてつくったりなど、両親の互いの意思疎通を図る「通訳」のような役割を担っていました。現在はそうした役割も担いながら、仕事をしていないのでほとんどの家事を引き受け、自分の自由な時間はほとんどとれず、窮屈な思いをしていました。

ユウコさんは、「自分は働いていないから偉そうなことはいえません。それに親が好きだから、二人が楽に過ごせるように私が家事をするより仕方がないんです」と、あきらめた様子でした。しかし一方で、「父も母も感情のままに私に八つ当たりしてきたり、私のことは考えずに自分のペースで生活をしたりするんです」と怒りをにじませながら語ることもありました。そんなとき、私は「たまにはご両親に多少我慢してもらって、自分のやりたいことを少しやってみてもいいのでは?」と提案しましたが、ユウコさんは半ば自嘲するように、「そうはいっても、私は何も言えない立場だから……」と言います。こんなふうに、困った両親に対して無力な自分という話に終始してしまい、具体的な「ユウコさんのやりたいこと」の話に至らない、という堂々巡りの面接がしばらく続きました。

私は治療の行き詰まりを感じ、「このままで、この人はいいのか」という強いもどかしさも湧いてきました。そこで、ある日の面接でユウコさんがいつものように両親の問題を語ったときに、「そうしてご両親のために生きるのもひとつの生き方でしょう。お二人とも助かることでしょう。しかし、本当にあなたは、今、自分の生きたいように生きていますか？」と思わず問いかけました。そのときユウコさんは、困ったような表情をするだけでその日の面接は終了しました。

次の面接で、ユウコさんは「前回の面接で言われた言葉が、家にいるときにふと浮かんできて、涙が止まらなくなりました。認めたくないけれど、今の自分は生きたいように生きていないと思いました。自分は皆のことばかり考えて生活し、やりたいことをやっていない」と語りました。

それからは、一人の時間の過ごし方が話題の中心になっていきました。パニック発作を起こしながらも、美術館に一人で行ったり、自宅で思い切り一人で泣ける自由を味わったり、ぶらりと散歩に出たりするなど、ユウコさんはさまざまな過ごし方を経験するようになりました。「今までは親の選択のもとで生きてきましたが、思ったそのときに行動してみて、自分の選択で歩いていっていいのだ、と生まれてはじめて思えました」と語りました。次第に症状の話は少なくなり、「ついつい二人の役に立ちたくて、父母の予定を優先し、自分のことを後回しにしてしまう」「たまに自分の時間がもてても、眠気が出て寝てしまう」など、〝自分の生活のあり方〟についての悩みを語るようになってきました。

ユウコさんはみずからのあり方を振り返り、こう語りました。「私は大学に入るまで親の敷いたレールに乗るだけで、自分のやりたいことなど考えたこともありませんでした。でも、大学に入って時間ができたとき、さて自分は何がしたいのかと考え、やりたいことがわからない自分が怖くなったのだと思います。卒業後も自分でレールを敷くことができなくて、結局両親にとって必要な役割を言い訳にして、家にいたのだと思います」

その後ユウコさんは、もともと興味のあった陶芸教室に通い出し、短期のアルバイトを始めるなど、自分なりの生き方を模索しています。そして「自分の力でお金を稼げることが何よりうれしい」と笑顔で語り、充実した日々を過ごしています。

2　親の言動に振り回される
――自分の臭いが気になるシズカさん

次にあげるシズカさんも家族との関係に悩んでいます。

シズカさんは21歳の会社員の女性です。高校2年のとき、クラスメートから「八方美人だね」と言われ、ショックを受けました。その後、そのクラスメートを中心に数人が「すごい臭い」と自分に聞こえるように話しているのを聞いて以来、「自分のおならが漏れている不安」を抱くようになりました。思い切って臭いのことを打ち明けた友人は、「臭わない、大丈夫よ」と言ってくれましたが、シズカさんは友人が気をつかってくれているのだと思い、どうしても信じきれませんでした。自分の臭いでひとに迷惑をかける苦痛のため、外食や買い物など人中に行くことがいやになり、授業も先生に事情を話して一番後ろに座ることで何とかやり過ごし、高校を卒業しました。その後、市役所に就職しましたが、職場ではこのことを言えず、後ろの席の人を気にしながら仕事をしていました。そのため仕事に集中できず、ときどきミスもしていました。臭いの不安が頭から離れずに苦しいため、クリニックを受診しました。

初診のときに、シズカさんは「高校のとき、精神科を受診したいと母親に相談したら反対され、行けなかったのです。今回は就職してお金に余裕ができたので、母親に内緒で来ました」と話しました。そこで私はまず、母親について尋ねることにしました。シズカさんの母親は、昔から汚れに対して過剰に神経質な人だったそうです。小さいころから外出から帰ると洋服を全部脱がされ、風呂に入るよう強要し、きちんと洗えているかを確認し、満足いかないともう一度入るよう言われました。もたもたしていると「あんたは汚いのよ！」と狂ったように叫ぶので、シズカさんは自分のせいで母親が壊れてしまうのが恐ろしく、母親の言うとおりに生活してきたそうです。食器洗いについても、一枚でも汚れが残っていたら、他の洗い終わった食器も含め、もう一度洗い直しさせられるのですが、それにも黙って従っていました。このような生活を送るうちに、いつしか「自分は汚いのだ」という確信が生まれたそうです。

シズカさんには妹がいましたが、妹は母親の言うことにまったく耳を貸さず勝手気ままに過ごし、早々に家を出て一人暮らしを始めました。母親はそんな妹に手を焼き、その愚痴を毎日のようにシズカさんに話していました。時にシズカさんが「〇〇子にも考えがあるだろうから、しばらく見守ったら」などと言って慰めようものなら、逆に「あなたは甘かしかないのよ！　大体いつも……」と責め出すので、シズカさんは黙って母親の愚痴を聞くしかありませんでした。

私は、「お母さまとの関わりは本当に大変だと思います。それでもあなたはお母さまのことを思いやって、優しく接してきましたね。よくやってきましたね」と、その苦労をねぎらいました。すると、シズカさんは涙を流しました。「あなたの症状は自己臭恐怖といいます。実際は臭くないけれど、あなたが〝自分の臭い〟にこだわり悩むことが症状なのです。この症状をもつ人たちは、人との関わりを強く求めながら、その一方で関わることに強い不安をもつことが多いのです。お母さまはもう変わらないかもしれないから、あなただけ変わって楽に過ごせるようになりましょう」と話して、薬物療法を始めました。

次の面接のときに、シズカさんは少しスッキリした表情で入室しました。「前回の面接で、自分は異常じゃなかったと思えて楽になりました。薬を開始したせいか、臭いにとらわれることも減ってきました。でも、周囲の様子から臭いのがわかってしまうので、常に迷惑をかけている自分が申し訳なく思います。友だちにも臭いかどうか繰り返し確認してしまって、それも申し訳ないです」。私は「あなたは人に迷惑をかけたくないから確認するのですよね。でも、何度お友だちに否定してもらってもあなたが信じきれないなら、もういっそのこと、お友だちに確認するのをやめて、自分は臭う、と決めてしまいませんか。実際、私はあなたが臭いと感じないのだけど、あなたはもう自分は臭うと決めてしまって、『迷惑をかけてしまってごめんなさい』と、心のなかで一人あやまり続けましょう。臭いを気にしていいのです。でも、臭いの確認を誰かにしないように。それから、目の前の仕事をいい加減にしてはダメですよ。あなたらしくない仕事ぶりです。思いやりが深くて誠実なあなただからこそ、ミスのないよう慎重に。人に臭いが伝わっていてもしっかり取り組みましょう」

「えっ先生、臭いはそのまま素直に感じるだけでいいのですか?」とシズカさんは驚きましたが、気が楽になったと笑顔になりました。その後まじめにこの指導を実行したところ、徐々に仕事のミスもなくなり、職場の人間関係も改善してきました。臭いは徐々に気にならなくなってきたので、人がたくさんいるレストランでの食事などもできるようになりました。同僚との飲み会も避けずに出るようになり、人との交流が広がりました。

母親に対しては、必要最小限の会話以外は、なるべく関わらないようにしました。少しずつですが、シズカさんは母親を客観的に見られるようになりました。「お母さんは、不安の強い可哀想なひと。でも一緒にいるのは苦痛だから早く家を出よう」。その後ほどなくして、シズカさんは実家のそばにあるアパートで一人暮らしを始めました。

治療開始後半年経ちました。「これまで母親からしょっちゅう『臭い』『汚い』『ブス』と言われてきましたが、人との関わりが増えると、実際そうでもないのかな、と思えるようになってきました。今、ようやく、普通に生きていいのかな、と思えます。生きている実感があります。たまに疲れたあとなどに『あ、どうしよう。今臭ってるみたい』と一瞬思っても、目の前の仕事に意識を向けるとすうっと消えていきます。実は先日同僚の男性から告白されました。これからの私の課題は、恋愛ですよね？」とシズカさんは、茶目っ気たっぷりの笑顔を私に向けてくれました。

3　嫌われる不安に悩む
——摂食障害に苦しむアヤコさん

青年期の女性は、家族だけでなくさまざまな外の人たちとの関わりが多くなっていきます。学校やアルバイト先の友人や、交際相手などは、この時期の女性にとって「自分らしさ」や「女性らしさ」を育むうえで欠かせない存在と言えそうです。

アヤコさんは19歳の大学生です。大学に進学後、交際相手から太ったことをからかわれてダイエットを始め、無月経となりました。体力が低下し、息切れもするようになりましたが、食べると太ってしまいそうで怖く、どうしたらいいのかわからなくなり、ある日思い切って母親に相談しました。母親は精神科の受診を勧め、付き添われる形で私のクリニックを受診しました。初診時は38・5キログラムでした。

生活状況を聞くと、通学時間が片道2時間もかかることに加え、週4日のアルバイトもこなしており、体力以上に行動している状況でした。アヤコさんは、「本当はもっとやせたいけれど、無月経になって怖くなりました。もっと健康になりたいのです」と語りました。私は、まずアルバイトを休むことと婦人科の受診を勧めました。一日の食事の内容を聞くと、概ね700キロカロリー程度でした。私はアヤコさんと話し合い、「今以上に太らず身体が健康になること」を治療目標に定めて、まずは一日1000キロカロリーを目標に食事を摂ることにしました。私がアヤコさんに、やせているとどんなことが問題になるか尋ねると、無月経と体力の低下、イライラ感をあげ、将来の妊娠・出産の夢が断たれてしまう怖さがある、と語りました。アヤコさんは「私がダイエットを始めたのは、彼に嫌われたくないから。でも、やせても自己満足しか得られませんでした。今の私は体力が落ちたせいか、もともと旺盛だった好奇心もなくなって、人間らしくないです」と語りました。

アヤコさんはアルバイトを休み、婦人科へ通いはじめました。太る怖さと戦いながら、1か月かけて一日の食事の摂取量を1000キロカロリーまで増やし、自分なりに栄養のバランスを考えて食事を摂るようにしました。徐々に食欲が回復し、疲れやすさも息苦しさも減ってきました。そんなある日、アヤコさんはポツリと私にこう言いました。「これ以上カロリーを増やすことが怖いです。でも、不健康になってまで食事を減らすのはなぜだろう、と今は思います。先生、私は何がしたいのかわからない」と。

アヤコさんは、徐々に自分の人間関係について語るようになりました。嫌われる不安から言いたいことが言えずに思いをため込み、行き詰まって関係を断つパターンが多く、今の彼との関係も同じ行き詰まりを感じていたそうです。アヤコさんはある日の面接で、「自分の弱みを友だちに見せて可哀想に思われたら、何だか自分がみじめになって、もっとつらくなるんです。だから、これまで自分の悩みは自分で解決してきました。違う考えをもっているときには、ケンカするのがいやだから黙って笑顔でお茶を濁すんです。でも、そういう関わりは表面的すぎて淋しくもあります。人と深く関わりたいけれど、どうも私は、プライドが邪魔してしまって……」と私に打ち明けてくれました。

私は、「プライドは自分を守る本能のようなものだから、むしろ大事にしてください。人と深く関わりたいという気持ちがあるなら、四苦八苦しながらいろいろな人と関わるしかないですね。だいぶ体調もよくなってきたことだし、週1回くらいならアルバイトを再開してもいいですよ」と伝えました。

食事量は徐々に増えていきました。大学の友人やアルバイト先の同僚との会話も以前より積極的になりました。年齢も男女の別も問わず話すうちに、いろいろな人の考え方を知ることができ、視野が広がってきました。アヤコさんは、「思ったことを言っても、案外受け入れられるものなんですね。私のものの見方が面白いと言ってくれる友人が増えたし、彼への不満も、私だけのわがままじゃなく当たり前の気持ちだとわかってきました。最近は、彼にももっと言いたいことを言ってもいいのかな、と思う日もあります。でも、そうすると彼が離れてしまう気がして、まだできないな……」と語るようになりました。

治療を開始して3か月経ち、私はアヤコさんとこれまでの面接を振り返ることにしました。「これまで私は彼への不安や不満がたまるとダイエットをしていたのだと思います。今は、ダイエットの代わりに勉強や友だちとの遊びで、一時的に不満を紛らわしているだけのような気がします。もっと自分がどうなりたいかを大事にして、彼とのおつきあいを試行錯誤してみます」とアヤコさんが語ったので、私はこれまでの2週間に一度の通院を1か月に一度の間隔に延ばし、その間に試行錯誤する様子を聞いていきました。

治療開始1年後には体重も45キログラムに増え、月経が自然に発来しました。「好きなものを食べて元気に過ごしています。今は、ずっと取りたかった資格試験の勉強が忙しくて彼と会えないので、マイペースな彼が珍しく淋しがっているんですよ」と笑顔で語ってくれました。

4　人に合わせて我慢する
――就職・結婚の問題に悩むミホさん

ミホさんも交際相手との関わりに悩むひとりです。

ミホさんは21歳の女性です。大学の卒論と就職活動を前に、食欲不振、吐き気、不眠、抑うつ気分が続くためクリニックを受診しました。私は、薬物療法を併用しながら生活状況を聞いていきました。ミホさんは、2年前から3歳年上の交際相手と半同棲状態になっていて、卒業後は彼と結婚して専業主婦になるつもりだったそうです。そのため、彼に合わせて毎日家事をして、趣味や友だちとの外出など、自分の好きなことをするのを一切やめていました。しかし最近になって、彼の給料を聞いたところ思ったより少なく、結婚しても共稼ぎしなくてはならない状況であることが判明しました。ミホさんは急きょ卒業論文を書くことと就職活動を並行してやらなくてはならなくなり、焦りました。また、彼との関係をまだ両親に伝えていないことも悩みの種で、ミホさんは何から手をつけたらいいのかわからなくなり、困惑するなかで症状が出現するようになったそうです。

両親は自営業で忙しく、3人姉妹の末っ子のミホさんは、小さいころから「良い子を演じて居場所を確保する」ことに徹していました。私はまずミホさんに、どう生きていきたいのか、今置かれている状況に対してどう感じているのかを問いかけました。ミホさんははじめ、自分の気持ちなんか考えたこともない、とびっくりしていましたが、徐々に「人につい合わせてしまうのは、小さいころからです。まわりの人の意見を鵜呑みにしてしまい、自分の意思が出てこないんです」「人に合わせて我慢しているほうが自分のペースで相手を振り回す罪悪感よりましです」「末っ子だからわがままなんだ、と思われたくなくて、相手の都合を優先する」「我慢しないこと＝わがまま・甘えている、と思ってしまう」など、ミホさん本来の、大事な人の期待に応えようとする姿勢や、相手の都合を優先して我慢するという側面が浮き彫りになってきました。

また、彼との関わりでは、ミホさんが彼と違う意見を言うと理詰めで説得され、何となく「自分の感覚」が否定される感じになることもわかってきました。このようなエピソードが語られるたびに、私は「そのことでミホさんにはどういう感情が湧きますか」と問いかけ、「その感情は自然なものだからしっかり感じてくださいね」と繰り返し伝えました。

はじめのころの面接では、ミホさんは彼との関わりについて「もともと私はお芝居が好きで、彼とつきあう前は一人でよく観に行っていました。でも、彼との時間を優先して、家事と勉強でそんな余裕はなくなってしまいました。友だちづきあいも減らしました。……あ、でも、これは私が勝手にやっただけで、彼は悪くないです」と語っていました。しかし面接を続けるなかで、「彼は結婚・出産したら家にいてほしいと常々言っていました。一緒にいる時間を大切にしたいと言われたので、私は趣味をしないほうがいいんだなと思い、自分の時間を削ることにしました。それなのに今になって、彼は自分の給料が少ないことを棚に上げて、急に『自立してほしい』と言いはじめたんです。ちょっと勝手だと思いませんか」と、少しずつ彼との関わりに対する語り口に変化が見られるようになりました。

さらに、これまでのミホさんの生き方と生き方の選択、そのつど感じているはずの感情について尋ねていくなかで、ミホさんにとっての趣味は単に楽しい場であるというよりも、窮屈な毎日のなかで唯一心が解放される場であることがわかってきました。そして論理的な彼の意見を尊重するうちに、自分の感覚を否定するようになったこともわかりました。

ミホさんは、趣味や自分の感覚を抑えて彼を優先したために、空虚感や無力感、悲しみ、不安、怒りなどの感情を常に抱くようになり、結果的に自分のやりたいことがわからなくなる状態に至ったのです。私はミホさんに、自分のために時間を使うよう繰り返し伝え、またさまざまな状況で湧き起こる感情をよく見つめ、やりたい気持ちに素直に従って行動してみようと伝えました。

ミホさんはお芝居を一人で観にいったり、「自分を表現する」という本をたくさん読んでみたり、自分の考えていることを紙に書いて私に見せたりするようになりました。ある日、ミホさんは「これまで自分は不完全な人間だから『社会や相手に合わせなくては』と思い焦っていたのが、自分はそのままでもいい、そのままの自分を生かせる場所を探すことが必要なんだと気づきました」と語りました。ミホさんは就職活動にも取り組めるようになり、ほどなく内定をもらいました。そして、一人の時間を大事にしながら、彼とのほどよい関係を模索しています。

5　自分の意見が言えない
――上司や同僚の評価を気にするカオリさん

現代は、女性の社会的活躍が目覚ましく、大企業でも女性の経営者は珍しい時代ではなくなってきました。そうした時代の変化により、女性も男性と同じように働いて、仕事の内容も多岐にわたっています。職場では上司や同僚の評価に常にさらされるもので、それによる苦痛や喜びは、男女ともに変わりはないものと思います。そして、そうした経験によって人は、「自分とは何か」を常に自問自答しながら、成長していくのだと思います。カオリさんの例は、女性ならではの悩みというよりも、男女ともに共通した悩みかもしれません。

23歳で会社員のカオリさんは、総合職で入社しましたが、会議室でなかなか自分の意見を言えないことに悩んでいました。同僚や上司の前で緊張したりオドオドしたりしながら発言したら「こんなところで緊張するなんて、弱い女だ」と思われてしまう、また変な意見を出して「できない奴だ」と思われてしまうのではないかと不安なので、自分の意見を言わずに黙っていたり、まわりの意見に同調したりしてやり過ごしていました。しかし、カオリさんはそういう自分をはがゆく思っていました。そして、大した意見ではないのにどんどん発言して周囲に認められていく同僚を妬ましくもうらやましく思っていました。

さらにある日、自分が言い出せずにいた意見と同じ意見を後輩の同僚が出して、上司から褒められたのを見て、「この緊張さえなかったら、私はもっと評価されたかもしれないのに」と悔しさがつのり、この緊張を何とかなくしたいと思い、思い切ってクリニックを受診しました。

私はまず「なぜ緊張があってはいけないのですか?」と尋ねました。するとカオリさんは、「緊張を知られると精神的に弱いと思われて、大事な仕事を任されなくなるのが怖いんです。だから、緊張してもなるべく平気なふうを装って、笑顔で相手の話に合わせるようにしています。他の人と違う意見が浮かんだときは、自分の考え方が変なのかと落ち込みますし、意見を言おうか迷うだけで緊張して動悸がして苦しいので、考えないようにしています。緊張さえなくなれば、誰にでも堂々と意見を言えるし、少なくとも今よりは評価されるようになるはずです。でも、緊張をなくそうとするとよけいに緊張が強くなってしまうので、どうしたらいいのか困っています」と答えました。

そこで私は、次のようにカオリさんに提案しました。「緊張を抑えようとすると、かえって緊張が強くなることをすでに実感されているのですね。そうなのです。緊張は自分の力で和らげることはできないのです。むしろ観念して緊張をただ感じ続けるだけで、自然に時間とともに流れて消えていくものなのです。ですから、治療の目標を〝緊張をなくす〟ことではなく、〝仕事の充実〟に置くようにしませんか。できれば、緊張しても平気なふうを装わず、意見を言おうか迷ったらオドオドしながら言うようにしたほうが、緊張は早く流れて消えます」。カオリさんは、私の説明に納得し、治療を開始しましたが、周囲の評価が下がることを恐れ、緊張をなくそうとする態度はなかなか変化しませんでした。

面接を繰り返すうちに、カオリさんは自分の正直な思いを語り出しました。「上司はある程度自分を評価してくれて、いろいろと仕事を任せてくれますが、私は実はただまわりに意見を合わせて無難にこなしているだけなのです。本当は知らないこともたくさんあるので、意見を言うと自分の頭の悪さがばれて、せっかくの評価が下がってしまうのではないかと不安なのです。『自分の意見を伝えたい・評価されたい』という気持ちが強いのに、自分の未熟さが露呈してしまうのが怖くて、恥ずかしくて……。私は傷つきたくなくて逃げているのかもしれません」

私は、「カオリさんは、自分のことを頭が悪いとか未熟だと思っているのですね。でも、本当にそうであれば、今のように上司から仕事を任されることもないと思うのですけどね……。でもまあ、そう感じるのがカオリさんの良さだと思うので、どうせならそこを徹底してみませんか。まず、今自分に足りないと思う知識や未熟さがどういうものかを具体的に考えてみましょう。そして、足りない知識があれば面倒でも勉強する、そして考え方が未熟だとか頭が悪いと思えば、今さら恥ずかしいかもしれないけれど、本を読んだり尊敬する人に相談したり、上司でも後輩でも関係なく意見を聞いてみましょう。そのように努力し続ければ、カオリさんは自他ともに認める実力のある人に成長するはずです」と話しました。

その面接のあと、カオリさんは「自分は頭が悪く未熟なのだから、人一倍努力しないといけなかったんだ。自分なりに精一杯やってみよう。それで悪い評価を得たらそれが自分の限界だから仕方ない」と腹が据わりました。そして、会社では自分の意見を言ってみたり、上司だけでなく後輩の意見にも耳を傾けたりするようになりました。カオリさんは皆の前で恥をたくさんかくうちに、自分が周囲の評価に傷つくときは、自分が足りないと思っている点を指摘されたときだと気づくようになりました。

カオリさんは1年間の治療で終了となりました。「私は自分が未熟である、ということを認めたくなかったから、緊張したんだと思います。未熟なのは経験不足や知識不足からくる当たり前のこと。自分が足りないと本当に思うならば、どんどん経験したり勉強したり、自分で最善を尽くすだけでいいのに、それを隠そうとしていたから苦しくなったのだと思います」。カオリさんは最後の面接でこのように語ってくれました。

3　青年期女性の葛藤とその解決

1　「家族との関わり」をめぐる葛藤

今回提示した症例のように、青年期の女性たちは、その成長過程で他者と関わりながら「自分らしさ」と「女性らしさ」を探り、苦しみつつも徐々に自分なりの魅力を発見し成熟していきます。

家族は青年期の女性にとって一番近い他者です。特に家族の意向を尊重する「いい子」

は、「自分らしさ」を模索するのがしばしば難しいことも多いのではないでしょうか。ユウコさんとシズカさんはそうした家族との関わりと「自分らしさ」との狭間で悩む女性たちのほんの一例です。

ユウコさんは家族の期待する役割（横糸）に縛られている一方、縛られていることによって新たな行動を起こすのを先送りできるため、今の生活に安住していたと言えます。しかし、その生活には限界がありました。両親の身勝手さに怒りを感じながらも、新たな行動に不安を感じていたユウコさんは、何とか今の生活にしがみつこうと、必死に自分の本音「生きたいように生きたい」（縦糸）を感じないようにしていたのです。ユウコさんは自分の本音を自覚したことで、生まれてはじめて自分の好きなことは何か、どう生きていきたいのかを真剣に考えるようになり、「自分らしい」新たな生き方を模索するようになっていきました。

シズカさんは小さいときから母親に「臭い」「汚い」と言われ続け、母親の病的とも思われる不安に巻き込まれ、「自分は臭い」と、自責の念にいつも悩まされていました。しかし、自己臭恐怖という対人恐怖の症状があると知ったことと、母親との関わり（横糸）を客観的に見つめられたこと、そして自分のこれまでの生き方（縦糸）を肯定されたことで、「自分は異常じゃなかった」と安堵しました。そして母親に対して心理的に距離を保てるようになり、これまで一方的に封印せざるを得なかった自身の考えや気持ち（＝「自分らしさ」）を大事にできるようになりました。

2 「異性・同性との関わり」をめぐる葛藤

青年期は、他者との関わり合いのなかで悩み傷つきながら、「自分らしさ」や「女性らしさ」について考えて経験を重ね、女性として成熟していく時期でもあります。そのなかでもっとも大きな経験は、交際相手との関わり合いでしょうか。アヤコさんとミホさんは二人とも交際相手との関わりに悩んでいました。

アヤコさんは彼にからかわれたことをきっかけにダイエットを始めました。もともと本音で人と関わろうとはせず、友人とはある程度距離を保ち、彼との交際では不安や不満がたまるとダイエットをして、その気持ちを解消しようとしていました。しかし、そのやり方に行き詰まりました。アヤコさんの本心は、「友人とも彼とも深く関わり合いたい」というものでした。アヤコさんは、大学やアルバイト先の人たちと積極的に関わるようになってから、いろいろな考え方を知り、視野も広がって、徐々に今の自分自身を受け入れられるようになってきました。すると今度は、本当に自分が何をしたいのか、どのような人間関係を築きたいのかに悩むようになり、今も試行錯誤中です。

ミホさんは、恋人の期待するいわば「女性の役割」（横糸）に応えようとするあまり、趣味をあきらめ自分の感覚を否定してきました。しかし卒業を前に、思い描いてきた人生設計（縦糸）が大きく変わり、就職や自立を急に突きつけられ、生き方に行き詰まりました。ミホさんは自分の思いをノートに綴ったり趣味を再開したりしながら「自分らしい」生き方を模索しはじめました。そして「自分はそのままでもいい」とみずから気づいたことで就職活動も進み、彼との新たな関わり方を模索できるようになりました。

また、ここでは例をあげられませんでしたが、青年期には同性の友人との関わりによる悩みも大きいものです。少し前には、『女の子どうしって、ややこしい！』など、女性同士の関わり合いに関する本が多く出版されました。女性であれば、友人との関わりについての悩みは大なり小なり、過去あるいは現在進行形で抱えているものではないでしょうか。『女の子どうしって、ややこしい！』によれば、女の子たちは表面上は感じよく振る舞いながら、うわさを流したり社会的に排除したりなどの「裏攻撃」をすることが多いそうです。男性の場合は、「お前気に入らねえ」と直接対決するなど、表立った暴力や口ゲンカという形で現れることが多いため、女性のように、陰口を誰かから伝え聞いて傷ついたり、相手のちょっとした態度の変化を気にしたり、言葉の裏を読んで悩んだりすることは少ないように思います。おそらく、女性は自分が傷つきたくないし悪く思われたくないので、表面上はいい人ぶりながら陰で悪口を言う、徒党を組んで仲間はずれにするといった卑怯なやり方を好むのではないでしょうか。もしもそのような形のいやがらせを受けて孤立してしまったら、どうしましょうか。誰かの悪口を共通項として、仲良しグループをつくりますか？　あるいは男性のように直接対決しますか？　あるいは放っておいて一人の時間を大切にしますか？

ここまでの問題でないにしても、一人でいることの寂しさやみじめさは青年期にはつきものです。ここで、私自身の話をいたします。私は高校生のころ、表面的な仲良しグループはいても、親友と言えるような友人をつくれないことに悩んでいました。友人だと思っていた人も、授業や部活で一緒でなくなると自然に離れていきます。そうした自分は人間的に魅力がないと思っていましたし、何か欠陥があるのではないかとさえ思っていました。そんなときに、人間関係の達人として有名な元ＮＨＫアナウンサーの鈴木健二さんの本を何冊か読み、親友に関する一節を見つけました（うろ覚えで、完全な引用ではないことをご容赦ください)。「親友と呼べる人は一生のうちに一人か二人いればもうけもの。人との関わりは常にそのときの環境によって流れ星のように流れ去るものです」。私は読みながら、「ああ、まだまだ私の人生は続いていくのだ。親友と呼べる人は一生かけて見つければいいのか。今いる環境が私のすべてだと思っていたけれど、これからもっと知らない世界が広がって人づきあいも変わっていくのかな」と、今の寂しさが解消されない物足りなさは残ったものの、以前よりも少し広い視野で考えられるようになりました。

当時からン十年経った今の私が、当時の自分にもう一言伝えたいことがあります。それは「一人の寂しさをしっかりと味わいなさい。その経験が自分の深みをつくってくれる」です。もしも種々の事情で孤立してしまい、一人で居ざるを得ないとき、それは「自分らしさ」を探るために不可欠な、一人で過ごせる貴重な機会なのです。

3 「社会との関わり」をめぐる葛藤

これまでの例は、親密な間柄の人たちとの関わりに悩みながら「自分らしさ」や「女性らしさ」が深まっていく話でした。カオリさんの例は、社会との関わりを通して「自分らしさ」を成熟させていった話です。青年期の女性たちは純粋で素直なので、とかく人の評価に振り回されやすいのです。しかし、だからこそいろいろな経験を通して世の中の道理やさまざまな人たちの考え方を知り、それを糧に大きく成長することができるのだとも思います。カオリさんは自分の評価にこだわるあまり、上司や同僚の意見（横糸）に同調することで自分の評価を下げないように必死でした。「高い評価を得たい」（縦糸）と思う反面、自分の仕事に自信がなく、「実は頭の悪い未熟な自分」という低い評価をしていました。カオリさんは自分なりに仕事に取り組みながらそうした自分に向き合う覚悟を決め、実行しました。そして、頭が悪い未熟な自分だからこそ日々精進しよう、という姿勢に変わっていったのです。

森田療法の創始者である森田正馬は、神経質という性格の特徴を、旺盛な生の欲望（向上心・自己保存欲）と強い自己内省（反省心・自己観察）だと述べています。森田はこのふたつの心になりきることで神経症が根治する、と繰り返し強調していました。カオリさんは過度な反省心をもっていましたが、私は漠然と反省しないで、足りないと思う点をどうしたらいいか、具体的に悩むよう伝えました。このように反省心を生かすと、「謙虚で人情味があって質の高い仕事をする」というあり方になります。このようなあり方こそ、神経質の長所を生かした姿と言えるでしょう。

4　おわりに

森田正馬のいわゆる「事実唯真《じじつただしん》」の〝事実〟とは、実際の事物や状況などの事実だけでなく、自己の心の事実をも含めています。「自己の心の事実を自覚する」とは、自分のうちから湧き出た考えや感情を批判することなくそのまま認めること、それがいかにまわりから見て特殊であっても大事なものである、と本当に自覚することだと思います。ユウコさんもシズカさんも自分の心の事実を見つめることで生きる姿勢が変わりました。アヤコさん、ミホさんは交際相手の思惑を気づかいながらも、自分の心の事実に従って行動することで、相手と対等な関係に変化していきました。カオリさんは自分の心の事実のまま、つまり「実は頭の悪い未熟な自分」になりきって実際の仕事に対する努力をするうちに、仕事への姿勢が変化しました。

このように、人が成熟する過程では、いかに頼りなくとも、自分の今の姿や感情を見つめ味わい、その感情に従って行動することが必要です。そして、自分なりに精一杯努力して、自分の真の姿や限界を自覚できるようになれば、他者からのうわべだけの評価に振り回されなくなるのです。もちろん、この「自己の心の事実を自覚する」ということは、時にはとても苦しい作業ですから、私たちは日々この「心の事実」から逃れようとしたり「心の事実」を味わってみたり、と行きつ戻りつしながら生きています。これはまさしく自分を見つめる修行だと思うのです。そうした修行のなかで、少しずつ人間的に成長し人生を深く味わえるようになっていくのではないでしょうか。

参考文献
岡本祐子「働きざかりの心の健康」(「教育と医学」1998年9月号、13—19頁)
加茂登志子「女性のライフサイクルにおける『女性であること』」(「臨床精神医学」2004年2月号、135—139頁)
レイチェル・シモンズ『女の子どうしって、ややこしい!』(鈴木淑美訳、草思社、2003年)

III　成人期——自分の生き方を選択し、新しい生活を始める時期

1　成人期とは

成人期とは、諸家によってその区分に違いがありますが、厚生労働省の健康日本21では、成人期に近い年代を「壮年期（働く）」として25歳～44歳ごろと区分しています。ここでは、仕事・結婚・出産・育児といった生き方に関わる出来事にもっとも直面する時期として、概ね20代～30代を成人期ととらえて考えていきたいと思います。

青年期の発達課題として、心理学者のエリクソンが「アイデンティティの確立」をあげていることはすでにふれられていますが、男性の場合、学校を卒業し、職業選択をする際に主なアイデンティティの揺らぎを経験するのに対し、女性の場合は青年期から連続して、この成人期にもさまざまなアイデンティティのテーマを問われることになります。つまり、成人期に訪れるさまざまな出来事（たとえば仕事、結婚、出産、育児など）に直面するたびに、「自分とは何者か」「自分らしい生き方とは何か」といった課題に改めて向き合わざるを得ないとも言えるのです。

プロローグでもふれたように、昨今の女性の社会進出、少子化、晩婚化などは、まさに女性の生き方の変化を象徴しているわけですが、かつての「妻」「母親」といった伝統的な女性役割以外の選択肢が増えるということは、「自由」を獲得すると同時に、新たな迷いを生むことにもつながりました。人生を歩んでいく道のりでは、男女ともにさまざまな選択を迫られます。しかし、「どのような自分でありたいか」「どのように生きていくか」を探る際に、女性は男性と異なる問題に直面すると言えます。

キャロル・ギリガンは、男性は「一人で立つ人」として自分を経験し、世界は規則からなるシステムであるととらえるのに対し、女性は人間的なつながりによって統合した者として関係性のなかで自分をとらえる、と指摘しています。そうした観点で考えると、「自分」という個人の枠内で、また仕事を軸にこれからの生き方を考える男性と異なり、女性は個人の願望だけでなく、周囲の期待や認識との間で折り合いをつける必要が生じてくると言えます。また男性の場合、結婚や子どもといった外的要因によって生活が大きく変わることはありませんが、女性は生き方を選択する際に何かを「あきらめる」必要が出てきます。たとえば、仕事中心の生き方を選択すれば、結婚や子育てが先送りになり、子育て中心の生き方を選択すれば、仕事をいったんあきらめるといった具合です。さらに、たとえみずから選択した道であったとしても、職場での待遇、夫の転勤、子育て上の問題、親の介護の問題などが生じれば、軌道修正を余儀なく迫られることもあるでしょう。このように、女性は男性以上に、環境の変化や周囲からの期待の影響を受けやすいだけに、絶えず「揺れ」とつきあうことが求められるのです。それだけに、女性は生き方の選択の際に、またその道のりにおいてさまざまな迷いや葛藤が生じやすいと言えるでしょう。

先に述べたように、女性はみずからの価値や立ち位置を、自分の枠だけでなく他者との関わりのなかで定めていく傾向があります。それは、人生の時間の流れや、直面する出来事のなかで生き方を定めようとする姿勢（縦糸）と、周囲の評価や期待を重んじ、他者との関わりのなかで自分を探ろうとする姿勢（横糸）との間でバランスをとりながら人生を紡いでいると言ってもよいでしょう。そこで織りなす人生は多種多様であり、どれが正しいというものではありません。ましてや、それは日々の変化のなかでそのつど修正され、紡がれていくものであり、それが自分らしい生き方になるのでしょう。逆に、その「縦糸」と「横糸」のバランスが崩れ、綻《ほころ》びが出たとき、苦悩や葛藤が生じるのです。

そこで本章では、仕事・出産・育児といった女性の生き方に関わる出来事にもっとも直面する成人期に焦点をあて、いくつかの事例を通して、生き方をめぐる葛藤やこころの危機について考えてみたいと思います。なお、ここで紹介する事例は、実際の事例をもとに脚色した架空のケースであることをお断りしておきます。

2　成人期女性のさまざまな悩み

1　仕事、夫婦関係をめぐる葛藤
――パニック発作や体調不良に苦しむマリさん

マリさん（28歳）は、大学卒業後、ＩＴ関連の会社に勤務していました。非常に仕事にやりがいを感じ、夜遅くまで仕事に没頭する日々を送っていました。その後、仕事で知り合った男性と交際、結婚することになりましたが、仕事はこれまでどおり続けるつもりでした。しかし、翌年に予定より早く妊娠、出産となり、持病の腰痛も悪化したため、仕事は一時中断することになりました。そんな折、夫とのケンカをきっかけに突然パニック発作を起こしました。

息苦しさ、手足のしびれとともに、子どもに何か危害を加えてしまうのではないかといった不安が生じ、居ても立ってもいられない状態になったといいます。子どもに危害を加えるというのは、授乳時にパニックを起こしたら子どもを落としてしまうのではないか、感情的になって子どもを攻撃してしまうのではないかといった心配でした。それ以来発作への予期不安のみならず、子育てへの不安や拒否反応が強まり、育児ができなくなったため精神科を受診しました。その後、パニック発作は薬物治療によって軽減したものの、めまいや立ちくらみといった症状が強まり、思うように改善しない体調に苛立ちがつのり、夫に当たり散らすことも多くなりました。また、子どもと二人きりで自宅にいることが不安で、実家に逃げ込む生活になってしまったため、森田療法の考え方を用いたカウンセリング（外来森田療法）をおこなうことになりました。

初回面接では、「ずっと朝から体調が悪い」とめまいや立ちくらみがつらいことを繰り返し訴えていました。そこで私は「この症状さえなければ自由に動けるのに……と思っていないでしょうか？」と問いかけました。そして、大きくうなずくマリさんに対し、身体症状のつらさには十分理解を示したうえで、「身体症状を何とかなくしたいと思えば思うほど、自分の体調に敏感になり、いっそう症状に注意が向いて不安や苛立ちをつのらせているのではないでしょうか」と伝えました。このように、症状をめぐる悪循環（とらわれ）に陥っていることを明らかにしつつ、「症状をなくそうとする構えが逆にそれを強めている事実」を伝え、「まずはこの悪循環から脱出することを目標にしましょう」と話しました。具体的には、身体の症状に一喜一憂するのではなく、そこで「せめてできること」を探り、何とか手を出してみるよう励ましました。また、「子どもに危害を加えてしまうのではないか」といった不安については、子どもを大切に思う気持ちが強いからこそ、傷つけてしまう恐れが強まるのだと説明し、そうした母親としてのさまざまな思いを自然なものとして受けとめていくようにしました。

はじめのころの面接でも、マリさんは繰り返し身体症状のつらさや子育ての不安を訴えました。そのなかで、「体調が思わしくないから……」と、子育てや家事の大半は実母に任せていることも明らかになってきました。そこで私は、症状のつらさには共感を示しつつ「すべてを周囲に任せてしまわずに、今は半人前のつもりで最低限できることに手を出してみましょう。一日を振り返ったときに〝ゼロ〟にさえなっていなければ十分ですよ」と励ましていきました。

その後マリさんは、少しずつ家事や育児に手を出すようになりますが、体調が思わしくないと、「怒鳴られたことが発作の引き金」「こうなったのは、あなたのせい」と苛立ちを夫にぶつけてしまうと面接で語りました。実際、夫に対する気持ちを聞いてみると、身体症状だけでなく、夫に対する不満もかなりマリさんのストレスになっているということでした。というのも、夫は同業者であったため、結婚前はマリさんの仕事に理解を示していたのが、子どもが生まれたとたん、育児に専念することを望んだため、裏切られたような気持ちだったというのです。すなわち、仕事にやりがいを感じていたマリさんは、夫に対して「良きパートナー」を期待していたのに対し、妊娠を機に「良き母親、良き妻」を期待するようになった夫は、「わかってくれない存在」になったと考えられました。実際マリさんは、すっきりしない体調に夫が理解を示さないと、「自分の苦しみをわからせたいと思ってしまう」と語っており、「治りたい」気持ちと同時に、「このまますんなりと治りたくない」という相反する気持ちとの間で揺れていたのです。

そこで、相互のコミュニケーションの改善を図るために夫婦合同面接をおこなったところ、マリさんからは「症状のつらさだけでなく、出産や育児によって仕事も思うようにできなくなったことや、家にいても落ち着かないことを理解してほしかった」ことが語られ、期待してもわかってくれない夫に対し、「当てにしない」と意地になっていたことがわかりました。一方夫からは、イライラしているマリさんに困惑していたものの、家族の状況はいずれ理解してくれるだろうと考えていたことなどが語られたのです。

こうしてみると、マリさんは仕事と結婚生活や育児を両立させる自立した生き方（縦糸）を望んでおり、そうしたマリさんに理解を示し、協力してくれる夫との関係（横糸）を期待していたわけです。そしてそれは同業者の夫であればかなうであろうと考えていました。しかし実際の結婚生活は、マリさんの思惑どおりにはいかず、夫は伝統的な女性役割をマリさんに期待し、しかもそれは当然のものとみなされていました（横糸）。すなわち、仕事で自立していた自分と現実のズレ、また仕事も含めてサポートを期待していた夫と現実のズレへの葛藤が生じたものと思われます。こうして生じた綻びを前に、マリさんはそれを修正することができず、行き詰まったと考えられるでしょう。

2　親子関係をめぐる葛藤
――手洗い・確認行為がやめられないユキさん

次に親子関係の葛藤が露《あら》わになったケースを紹介します。ユキさん（32歳）は、OL時代にゲイバーに連れていかれたあと、AIDSになっていたらと不安に思うようになりました。念のためにと受けた検査が陰性と出たため、その後は不安もおさまっていました。しかし結婚後、他人や自分の唾液、血液などを汚いと感じるようになり、頻繁に手洗いをするとともに、鍵やガスの元栓がきちんとしまっているか何回も確認をしてしまうため、日常生活が困難となりました。

ユキさんは、結婚を機に退職し、両親が経営していた会社の事務を手伝っていましたが、長女であるユキさんは、人目を気にしながら手洗い・確認行為をおこなっていたため、両親も彼女のつらさにそれほど気づかなかったようです。しかし実際は、強迫行為にかなりの時間と労力を要し、通常の家事もこなしきれないほどであったため、常に肩こりや体調不良にさいなまれ、疲弊しきっていました。

当初は、こうした症状や不安とどのようにつきあうかを中心に治療をおこない、ユキさんも主体的にそれを実践しようとしたことから、生活の幅は徐々に広がりを見せていきました。しかし家庭では、甘やかされて育ち、自分の趣味にばかり没頭する夫は、ユキさんにとって頼れる存在ではなく、ユキさんが世話を焼かなければならない状態でした。また実家の会社に行けば、跡取りである長兄と父親とのいさかいの仲裁をし、母親の愚痴の聞き役にもなっていたユキさんは、次第に夫に対する落胆や両親への不満を面接で語るようになりました。そしてある日、「思春期から感じていた親に対する気持ちを整理しなければ、自分は治らないし、救われないと思う」と号泣したのです。

ユキさんは、「小さいときからずっと母親の愚痴（父親や親戚づきあいに関して）を聞かされてきた」「仕事が忙しかったのはわかるが、いつも愛情ではなく単にお金や物だけを与えられてきた」「本当はもっと自分の気持ちを受けとめてもらいたかったけれど、無神経な言葉を返されたり、期待はずれな対応ばかりされてずっと傷ついていた」などと語りました。また、衝突しながらも長男だからと尊重されている長兄や自由に生きている次兄と自分を比べ、「私はいつも〝いい子〟でいなければ家のなかに居場所がなかったんです」と訴えたのです。

そこで私は、ユキさんの報われないつらさに共感を示しつつ、そのなかで何とか生き抜いてきた努力を評価し、これからどのような人生を送りたいのかを問いかけ、周囲だけでなく、自分自身を大切にしていこうと励ましました。そしてそれは、強迫行為で自分を痛めつけている今のあり方からの脱出にもつながると付け加えました。「〝生き抜いてきた〟という先生の言葉に救われた」と語ったユキさんは、少しでも自分の身体や自分の欲求を大切にしようと、強迫行為の短縮化を図るとともに、以前から関心があった陶芸の習い事に通うなど、新たな試行錯誤を始めました。

夫との関係では、それまでなかなかできなかった子どもについてきちんと話し合い、夫婦そろって不妊治療に通いはじめました。しかし、結局妊娠には至らず、身体的な理由で治療を断念せざるを得ませんでした。ユキさんは、「母親」になれないという現実に落胆し、女性として一人前ではないという劣等感にさいなまれました。さらに追い打ちをかけるような母親の無神経な対応に傷つき、「自分の人生はなんだったのだろうか」と再び行き詰まってしまいました。

ユキさんの場合は、結婚して子どもをもち、幸せに暮らす自分（縦糸）を望んでいたと考えられますが、それは周囲（親、家族）から愛され、価値のある人間として認められること（横糸）によって成り立つものでした。しかしそれは思うようにかなわず、理想と現実とのズレに不全感や無力感が強まったと言えるでしょう。

3　夫婦関係をめぐる葛藤
――不完全を恐れ、確認行為がやめられないタカコさん

タカコさん（34歳）は、短大卒業後から事務職に就いていました。短大時代に知り合った男性と交際し、25歳で結婚したころからガスの元栓や水道の蛇口がきちんとしまっているかどうか、戸締まりなどを確認しないと落ち着かないようになりました。仕事は経済的なこともありそのまま続けていましたが、そのころは確認をしながらも何とか日常生活は送れていたようです。しかし、徐々に確認行為がひどくなったため、近所の精神科クリニックをみずから受診しました。薬物療法を受けましたが、症状が改善しないことから、主

治医に森田療法を勧められ、外来森田療法をおこなうことになりました。

初回の面接では、「電気のコンセントをきちんと抜いているかどうか、鍵がきちんとかかっているかどうかが気になり、何回も確認してしまう。それでも不安なときには写メを撮ってしまう」「万が一、火事になったら、泥棒に入られたらと思うと不安なんです」と訴えました。そこで私が「結婚当初は確認しつつでも何とか生活ができていたのに、ここまで確認がひどくなったきっかけとか、思い当たることはありますか？」と問いかけると、「夫が知り合いからもらった猫を飼うことになり、子どものように可愛がっているので、何かあったら自分の責任になってしまうと考えて……」と答えました。とはいえ、「夫は猫の世話を私に押しつけて、外出ばかり」「帰りが遅いのであまり話をしていない」とも語ったのです。そこでその後の面接で夫との生活についてもう少し具体的に尋ねてみたところ、次のような夫婦関係が明らかになりました。

タカコさんは、20代後半にそろそろ子どもも欲しいと思っていましたが、なかなか授からないので不妊治療に通いはじめました。治療に専念するために仕事もいったん退職したそうです。しかし、タカコさんが不妊治療をおこなっている間に夫の浮気が判明したのです。タカコさんは「人生が終わったと思うくらいショックだった。苦しかった」と語りつつも、家族も交えて話し合い、「両親を悲しませたくない」という思いから、最終的に結婚生活を続けることにしました。とはいえ、通院中に夫に裏切られたショックから、不妊治療は中断してしまったそうです。タカコさんは再び仕事を探し、経理の仕事に携わるようになりました。夫はその後も帰宅が遅く、外泊も多かったようですが、「夫に予定や帰宅時間を聞くと、『いちいち聞くのは疑っているからだろう』と夫が怒る。怖いのでよけいなことは言わないようにしている」とのことでした。そんな生活のなかで猫を飼うようになり、猫に危険なことを避けようとするうちに自分の行動に疑念を抱き、確認がエスカレートしていったのです。

こうした話を聞くうちに、私はタカコさんが本当に悩んでいること、確かめたいことは別のことなのではないかと考えました。つまり、本当は夫との生活に心許《こころもと》なさを感じ、夫の気持ちや行動を確かめたいにもかかわらず、そのことから目を背《そむ》け、ガス栓や戸締まりといったみずからの行動の不確かさを確認することで、タカコさんの後味の悪さや心許なさを埋め合わせようとしているのではないかと考えたのです。そこで私は、「本当はどんな生活をしたいのでしょう」と問いかけました。タカコさんは困惑した表情を浮かべながら、「夫にはあまり関心もないし……。今の生活は楽しくないが安定はしている。料理も以前は好きだったが今は喜んで食べてくれる人もいないのでやらない。どうしたいのかわからない……」と答えたのです。しかし、「仕事をしている間は生きている感じ」とも答えました。

タカコさんの場合は、仕事と結婚・子育てを両立する自分（縦糸）を望んでいたと考えられますが、それは夫から愛され、必要とされること（横糸）によって成り立つものでした。しかし、信頼していた夫に裏切られ、夫への愛情や信頼が揺らいだことで、自分自身に対する信頼も揺らぎ、そのよるべなさに翻弄されてしまったと言えるでしょう。

4　友人関係をめぐる葛藤
――自分に自信がもてないジュンコさん

ジュンコさん（36歳）は、職場で知り合った男性と28歳で結婚し、専業主婦となりました。現在は夫と女児1人の3人暮らしをしていますが、自宅にいても漠然とした不安が強く、落ち着かないという訴えで来院されました。不安の対象は明確ではなく、夫に対しても、また自分自身に対しても不全感が強く、対人関係でも悩みがあるということで外来森田療法に導入されました。

当初は、不安がおさまらないとなかなか家事に手がつかず、先送りしてしまう一方で、専業主婦で時間があるにもかかわらずダラダラ過ごしている自分はダメな人間だと自責的になる様子が語られました。そして、仕事をもっている友人や、趣味などを楽しんでいる専業主婦の友人と自分を比較しては落胆し、さらに自信を失って家事へのやる気がそがれるといった悪循環に陥っていました。

そうしたジュンコさんに対し、「本当はどんな生活が送りたいのだろうか？」と問いかけていきましたが、ジュンコさんは「もっと自信がもてるようになりたい」と訴えるとともに、「こんなふうに自信がもてないのは、小さいころから両親が自分を認めてくれなかったから。兄弟に比べて愛情を注いでもらえなかったからだと思う」と親への不満を繰り返し述べたのです。さらに夫についても、「頼りにならないし面白味がない、人の気持ちがわからない」などと不満を訴え、思うようにならない人生の原因を他者の責任に求める傾向が認められました。

そこで面接では、ジュンコさんの不安や苛立ちの背後にどのような期待や理想があるのかを繰り返し問いかけながら、とりあえずできることから実行に移していくよう促していきました。具体的には、友人に対する羨望や引け目を訴えたときには、「本当は自分も同じように過ごしたいのではないでしょうか？」と問いかけ、また友人の反応を過度に気に病んでいるときには、「それだけ相手に好かれたい、良い関係を築きたいからこそ気になるのでは？」などと、不安や不全感の裏側に潜む本来の欲求にジュンコさん自身が気づけるように関わっていきました。

ジュンコさんは、次第に、みずからの気持ちにも目を向けるようになり、「ずっと自信がないので、自分よりも劣っていると思う友だちとつきあってきた。親に対しても、本当は認めてもらいたくて、いつも顔色を気にしていた」と吐露したのです。また夫に対しても、「何となくつきあって結婚することになったが、夫はその前に他の女性と別れていたので、本当に私のことが好きだったのかわからない。私もこのまま結婚してよいのか、本当に彼がよかったのかわからなかったが、周囲から結婚すると思われていたので、引くに引けなくなってそのまま結婚した」と語り、みずからの意志よりも流れに身を任せた結婚であったと話しました。

子どもに対しても、「こんな自分が母親でよいのだろうか」と不安を抱いていたため、「最初から完璧な母親はいないもの。子どもを大切に思う気持ちを少しずつ表現し、子どものためにできることをやっていきましょう」と支えていきました。

ジュンコさんは、とりあえず最低限の家事はこなすようになり、子どもを習い事にも通わせるようになっていきました。それとともに、ママ友との交流ももつようになっていったのです。しかし他者との関わりが増えてくると、ママ友の反応に一喜一憂し、要領のよいママ友への不信感や意を汲んでくれない相手への不満をつのらせる一方で、嫌われないかという不安や自分の言動への後悔などに悩み、再び自信を失って行き詰まりました。

ジュンコさんの場合も、皆と同じように結婚して子どもをもち、満たされた生活をする自分（縦糸）が理想でしたが、常に周囲（親、夫、友人ら）から大切にされ、受け入れてもらえること（横糸）が土台になっており、他者の評価によってみずからの価値を見出そうとする傾向が強く認められました。それゆえ、期待どおりにならない周囲の反応に対して不満や苛立ちを強めるとともに、自分自身への心許なさも強めていったと考えられます。

5　子育てをめぐる葛藤
――ひきこもりの息子に悩むカズコさん

カズコさん（39歳）は、ひきこもりを呈している10代の息子について悩んでいました。息子は対人的な症状に悩み、自室にこもって昼夜逆転の生活を送っていましたが、カズコさんは、そうした息子の身勝手な生活態度や散らかり放題の部屋が気になると話しました。また「部屋にこもっているばかりで、病院に相談に行くよう勧めてもダメ。この先どうするつもりなのか……」と治療に前向きにならない息子にしびれを切らしていました。しかし同時に、我慢できずに息子に文句ばかり言ってしまう自分自身にも苛立ちや自己嫌悪を感じると訴えたのです。

面接では、息子のひきこもりを何とか解決したいと思いつつも、どうしたらよいのかわからず途方に暮れていること、そうした事実を近所の知り合いや、親・兄弟・義父母に知られることも怖く、「息子の話題は避けがちだし、ひきこもっていることは隠してしまう」と語ったのです。さらに、心のどこかで他の同年代の子どもと違う息子に対する引け目や、周囲の目に対する不安などから、カズコさん自身もいつの間にか外出を控えるようになっていると打ち明けました。すなわち、息子のひきこもりが原因で、結果的にカズコさん自身も自宅にこもりがちとなり、その息苦しさゆえに早く息子を変えようとよりいっそう口うるさくなっていったと考えられました。

このように、親として何とか子どもの問題を解決したいという思いが空回りして、逆に事態を悪化させてしまうことはよく見られます。まさに子どもに「とらわれ」た状態と言えます。

さらに面接を重ねるなかで、カズコさん自身の母親がとても厳しく、ずっと甘えられなかったことや、そうした母親に対して批判的な思いも抱いていたことが語られました。それだけに、「自分は完璧な母親にならねばならないという気持ちが強かった」ことや、今の息子の状況を相談すれば育て方の問題と批判されそうな不安があることなど、実母をめぐるさまざまな思いも吐露したのです。このように、カズコさんの子育てへのさまざまな思いが、ひきこもっている息子に対するふがいない気持ちや情けない気持ちも強めていることが次第に明らかになっていきました。

こうしてみると、カズコさんは実母に対して非常に葛藤的であるがゆえに、実母とは異なる自分、すなわち良き妻、良き母親になることを望んでおり（縦糸）、それは同時に、周囲からも良き妻、良き母親として認められてこそ成り立つものでした（横糸）。こうしたカズコさんのあり方は、完全を求めるがゆえに生じる自分自身への不全感を「いい息子」にすることで埋め合わせようとするものでした。それは息子をコントロールしようとする姿勢につながるとともに、思うようにならない息子に対するとらわれを生んでいたと考えられます。

3　成人期女性の葛藤とその解決

1　生き方をめぐる葛藤

人生のプロセスにはいくつかの段階があります。思春期・青年期は「自分らしさ」を探る試行錯誤の時期と考えれば、成人期はいろいろな生き方の選択肢を前に、とりあえず自分なりの生き方を選択し、歩みはじめる時期とも言えます。しかし女性の場合、この時期に、仕事・結婚・出産・育児などさまざまな問題に直面するため、そのつど生き方が問われることになるのです。

今回紹介した5つの事例も、さまざまな生き方をめぐる問題に悩むことになりました。マリさんは、結婚・出産を機に、仕事と家庭・育児といういくつかの役割のなかで、どこに軸足を置き、それぞれをどのような重みづけにしたらよいのかに悩みました。ユキさんは、結婚によって築いた新たな家庭を大切に守ろうとしながらも、これまで相手の期待に沿うことを優先してきたために、次第に誰の幸福を守るのかが曖昧になっていきました。そして主婦としての自分、また子どもができない自分、女性としての自分にも不全感や劣等感をつのらせることになっていきました。タカコさんは、夫の浮気を機に、何を信じ、何を拠りどころに生きていくのかがわからなくなりました。ジュンコさんは、結婚・子育てのなかで、結局思春期から先送りにされていた自分への心許なさ、周囲の反応に対する揺らぎやすさに再度直面することになったと言えます。そしてカズコさんの場合は、自分が築いた家族は完璧にしたい、良き母、良き妻でありたいという強い欲求が次第にさまざまな歯車のズレにつながっていきました。

このように、それぞれが人生の局面で生き方に迷い、悩んだわけですが、彼女たちの葛藤は、単に出産や不妊といった女性特有のライフイベントに起因するものではありません。彼女たちの行き詰まりは、「自分がどのように生きたいのか」といった問いに対してのみではなく、それが同時に周囲の期待や反応、評価といった別の要素によって左右されるものであったために生じたと理解できます。

マリさんは、仕事と家庭の両立を望み、そのためには夫の理解と協力が必要でした。ユキさんは、これまでとは違う幸せな生活（結婚生活）を求めていましたが、それには親や夫に受け入れられているという実感が必要でした。タカコさんも、仕事を続けながら夫にも必要とされる結婚生活を求めていました。ジュンコさんの場合は、ユキさん以上に自分の価値を周囲（親、夫、友人ら）から認めてもらうことを求めていたと言えます。またカズコさんの場合は、良き妻、良き母になることが願いでしたが、それには母親の役割を果たしていると周囲から認められる必要がありました。

こうしたさまざまな思いのなかで揺らぎつつも、彼女たちはそれぞれに何とか理想に近づこうと努力をしてきたわけですが、それが実らなかったとき、つまり人生が思い描いたように歩めなかったときに（縦糸の行き詰まり）、また周囲との関係が期待どおりに築けなかったときに（横糸の行き詰まり）、これまでの生き方に行き詰まったと思われます。そしてその原因や、そこから脱出する術を自分に関わる周囲（横糸）に求めたと言えるでしょう。つまり、夫や親、子どもや友人など、相手を変化させることが解決につながると考え、そこにエネルギーを注いだのです。

もちろん、相手と分かり合うための努力（コミュニケーションなど）は必要です。しかし、先にあげたマリさん、ユキさん、ジュンコさん、カズコさんは、相手が思いどおりに変化してくれないことに執着してしまいました。それが夫への怒り、親への不満、また息子や友人への苛立ちにつながり、思いどおりにならない相手にとらわれて、さらに苦しむことになったのです。タカコさんの場合は、夫に裏切られた失望や葛藤自体からも目を背けた結果、自分が求める生き方も見失ったと言えるでしょう。

2　葛藤からの脱出と新たな生き方の模索へ

では、こうした綻びが生じたとき、どのように解決したらよいでしょうか。女性が周囲との関係性のなかで自分のあり方をとらえる傾向があることはすでに述べました。それは、みずからの願望と自分を取り巻く環境との折り合いをつけることです。特に成人期の女性は人生上の岐路に立たされる機会が多いだけに、そこでどう折り合いをつけていくかは重要なポイントとなるのです。

森田正馬は、「自然に服従し、境遇に柔順なれ」とし、事実はそのまま受けとめ、周囲の境遇に応じて工夫する必要性を述べています。それは、変えられないものはそのまま受けとめ、変えられるものにエネルギーを注ぐことを意味します。つまり、変えられるものと変えられないもの、できることとできないことを「分けること」、そして不可能な努力はあきらめる必要があるのです。

先に紹介した5人の女性は、夫、親、子ども、友人、あるいは過去そのものを思いどおりに変えようとしていました。しかも、それをすぐに変えなければ道は開けない、それさえ変われば思いどおりの人生が歩めるとも考えていました。相手に自分の思いを伝え、話し合うことは必要ですが、それはお互いの理解を深めるためのものであり、相手を思いどおりに変えることではありません。そして実際、他者や環境を思いどおりに動かすことは不可能なのです。それゆえ、この行き詰まりから脱して、みずからの願望（縦糸）と、自分に関わるもの（横糸）との調和を図り、自分なりの折り合い点を見つけるためには、事実を事実として認めることが必要です（森田の言う「事実唯真」）。具体的には、相手や環境はすぐには変えられない事実として認め、そのなかで自分の願望に少しでも近づくためにできることを具体的に探索することが重要でしょう。

マリさんの場合は、夫との三者面談を通してお互いが相手にばかり期待している事実とコミュニケーションのズレが明らかになりました。マリさんは、夫の性格そのものはすぐに変えられないという事実を受けとめ、そうした夫とどのようにつきあっていくか、少しでも自分の願望をかなえるために夫にどのように伝えるか、などを具体的に試行錯誤するようになりました。仕事の方もできる範囲で徐々に始めていきました。夫とはその後離婚をすることになりましたが、現在は仕事と育児の両立に力を注いでいます。

またユキさんは、親や過去は変わらないものとし、今の生活のなかで自分のやりがいを探った結果、親から譲り受けた土地を活用し、アパート賃貸業を始めました。さらに夫との関係においては、これまで言えずにいた親に対する複雑な思いや、自分の傷みを打ち明け、「聞いてもらうだけでも救われる」とこれまでとは異なる体験を得ることができました。そして、「子どもはいないけれど、その分二人の時間を大切にしようと思う」と語り、今では休日の旅行を楽しむようになっています。

タカコさんは、当初は「何を楽しいと思って生きているのかわからない……」と訴えていましたが、「確認をして達成感が得られるのだろうか？　小さなことでもいいから、少しでもやってみたいと思うことに手を出してみたら？」という私の言葉に促され、試行錯誤を始めるようになりました。また「家に帰っても虚しい。寂しいのでそのまま帰る気になれず、仕事帰りに一人で飲みに行ってしまう」と語っていたタカコさんに対し、私は「本当に猫を大切に思うのであれば、放っておくのは本末転倒なのでは？」と伝えるとともに、「どんな生活がしたいのだろうか？」と繰り返し問いかけていきました。

タカコさんは、次第に確認を早めに切り上げる努力を始め、かつて好きだった料理にも手を出すようになり「料理自体は楽しい」と語るようになりました。夫に対しては依然として「疑う気持ちもあるが、考えたくない」として、向き合うことは避けがちでしたが、タカコさんがつくる夕食を夫も一緒に食べるようになり、「美味しいとは言わないが、ムシャムシャ食べていて、それはうれしい」「夫の外泊がなくなってきた」と話しました。

まさにタカコさんが変わることによって、夫婦関係にも変化が現れてきたと言えます。以前は症状のために遅刻しがちだった仕事にも、確認を切り上げて通えるようになり、「頼りにされるのはうれしい」と充実感を実感できるようになっています。

ジュンコさんは、ママ友だちとのつきあいのなかで、徐々に自分が受け入れられるか、どう思われるかばかりを考えて、相手の気持ちもまわりも見えていなかったことに気づくようになりました。「結局自分の居場所や存在価値が実感できない不安に振り回されていた。自分本位だったなあと思って、自分なりに相手の気持ちを理解しようとしているが、うまく行かずに落ち込んだり。でも何となく光が見えてきた感じ」と語り、最近は暇な時間に何かしようかと、迷いながらも自分のための行動を模索している状況です。

カズコさんの場合は、息子が変わるには時間が必要と理解し、関わりに距離を置いたり、母親としてできることとできないことを分けるようになりました。また、話しやすい兄嫁には相談を試みるなど、弱みを多少見せられるようになるにつれ、息子のこれまで気づかなかった一面を評価するように変化していったのです。

この5例からもわかるように、個々人の関わり方が変化すると、相手との関係性に変化が現れ、さらに個々人の視野の広がり、生活の広がりにつながっていくのです。冒頭で、女性は生き方を選択する際に何かを「あきらめる」必要が生じると述べました。今回紹介した事例もそうであったように、思いどおりに変えられない現実やできないことの事実を認め、不可能な努力をいったんあきらめることは、単なるあきらめではなく、次に進むことができる道を知る契機になるのです。このようにして、自分がどうしたいのかを軸に（縦糸）、周囲との関係、自分が置かれた環境や周囲との関係（横糸）のなかで、自分なりにできることを探る試みは、結局のところ自分の生き方を軌道修正しながら、柔軟に自分の人生を生きることと言えるでしょう。

4　おわりに

人生は旅にたとえられますが、その行末も、またどの道が正しいのかも、歩んでいるその時点では誰にもわからないものです。生き方に迷い・悩むことは男女ともに変わりませんが、複数の選択肢と周囲の期待・環境要因を前に、女性はさまざまな悩みを抱えます。特に、これから人生を切り開いていく成人期の女性の場合、期待や理想が強いほど、落胆や苦悩も強いものになります。こうした女性の生き方や葛藤を考えるとき（あるいはそう欲求の強さゆえの不安や迷いを、いかにプラスに転換し、より良い人生へつなげていくかという点で、森田療法が役立つ部分は多いのではないでしょうか。

参考文献

キャロル・ギリガン『もうひとつの声――男女の道徳観のちがいと女性のアイデンティティ』（岩男寿美子監訳、生田久美子・並木美智子訳、川島書店、１９８６年）

森田正馬『森田正馬全集　第五巻』（高良武久他編、白揚社、１９７５年）

Ⅳ　中年期――自分の限界が見えてきて、生き方を問い直す時期

1　中年期とは

中年期とは「青年と老年の中間の年頃」を指し、その範囲は40～60歳ごろと言われています。厚生労働省の健康日本21では45歳～64歳を「中年期」としており、年齢の区切り方に多少の違いはありますが、成人期ののち、人生が「熟す」時期と考えられています。心理学者のユングは40歳前後の中年期を人生の後半に至る転換期としてとらえ、「人生の正午」と呼びました。

実際に中年期は、身体的にも、社会的・心理的にも変化の多い時期と言えます。体力の衰えを感じはじめ、職業的には自分の能力や地位の向上に限界が見えはじめます。また子どもの自立や親の介護、離別などを体験するのもこのころでしょう。そうした変化は、これまで実感しなかった人生や能力の限界、いわば自己の有限性を痛切に実感させるものになります。それだけに、中年期は自己のあり方が改めて問い直される時期となり、こころの危機が生じやすいと言えるのです。

前章において、女性にとっての成人期は、仕事・出産・育児など、これからの生き方に関わる出来事に直面する時期と述べました。さまざまな生き方を前にして、どのような選択をするかで迷い、揺らぐのです。

それに対し中年期は、限界を意識したときに、みずから選択してきた生き方を振り返り、改めてどのような自分を形作るかで再び葛藤する時期と言えるでしょう。

では、中年期の女性はどのような葛藤を抱きやすいのでしょうか。ここでも例をあげて考えてみたいと思います。なお、以下に紹介する事例は、実際の事例をもとに脚色した架空のケースであることをお断りしておきます。

2　中年期女性のさまざまな悩み

1　子どもの自立に伴う葛藤
——手洗いがやめられないトモコさん

トモコさん（48歳）は、元来潔癖で完全主義的な性格でした。短大を卒業後、職場で知り合った現在の夫と結婚し、2児をもうけましたが、のちに「子どもが欲しくて結婚したようなものだった」と回想しています。子育てが一段落したあとはパートの仕事に就き、その働きぶりから責任ある役割も任されていました。夫に対しては、結婚当初から「家庭を顧みずに、毎日パチンコ屋通いばかり……」と不満を抱いており、一時は離婚も考えましたが、子どものことなどを考えると踏み切れず、結局断念したそうです。それだけに、第二子である息子の就職が決まったときには、息子が自分から離れていくことを実感し、非常に寂しさを感じたといいます。

さらに同じころ、生きがいにしていた仕事も職場の都合で失うことになりました。その後、からだに犬の糞がついたように感じ、手洗いを繰り返すようになりました。徐々に汚れの対象は広がり、さまざまな場面で手洗いを長時間繰り返すため、日常生活を送ることも困難な状態になりました。家族の勧めもあって精神科を受診し、薬物療法も含めいくつかの病院で治療を試みましたが、思うような効果は得られなかったそうです。次第に一人で入浴・用便もできなくなったため、森田療法の入院療法を希望して来院されました。

入院当初は、自分の行動や感覚に対する不確実感、実感の乏しさから「知らない間に不潔なものに触ったのではないか」と立ち尽くすこともしばしばでしたが、「心許ないままに動くことから、自分の実感を取り戻すことができる」という私の励ましに支えられ、少しずつ行動できるようになりました。

また、汚れたような気がしてもすぐに手洗いをせず、いったん保留にして時間をおくと多少とも不安が和らぐことや、「そんなバカなことをするはずがない」と自分の感覚を取り戻せることも体験し、次第にかつてのトモコさんのように生き生きと作業に取り組み、周囲からも頼りにされるようになりました。

退院前、自宅に外泊して日常生活を試したときには、入浴や家事も何とか一人でこなせるまでになりました。しかし、退院後の生活への不安を訴え、「今までは子どもが支えでした。その子どもが巣立ち、仕事も失い、生きる拠りどころをなくしたようでした」と、かつての思いを吐露したのです。

そこで私は、「〝これからどのように生きていくか〟を考えることが今後の課題でしょう」と伝えると同時に、夫婦間の問題にも介入する必要があると考え、夫婦合同面接を設けました。

そこでは、夫が「何でも物事を徹底的にやろうとする。手伝う気持ちがないわけではないが、意地を張るので、手をさしのべる気をなくしてしまう」と言ったのに対し、トモコさんは「頼んでもすぐにやってくれないので、自分がやったほうが早いと思っていた」と語り、夫婦間のコミュニケーションのズレが明らかになったのです。

私は夫婦合同面接のなかで、トモコさんも夫も、期待どおりにならない相手への不満を受けとめられず、相手を変えようとして、結局かなわないために、より不満や不全感を強めているのではないかと理解しました。そこで、夫婦の問題を解決するためには、こうした悪循環を打破することが重要と考え、次のような形で夫婦間のコミュニケーションの改善を図りました。まず二人に対し「お互いの気持ちはよくわかりました。お二人とも、相手に対してこうあってほしいという気持ちはあったようですが、それがすぐに通じないとイライラして、交流そのものをあきらめてしまったのではないでしょうか？　夫婦であっても相手を思いどおりにすることは難しいものですよね。まず相手を変えようとするのではなく、そこで自分なりにできることを実行してみたらどうでしょうか。たとえば、トモコさんがご主人に頼むときには、いつまでにやってほしいと伝えるとか。もし通じなければ、伝え方を工夫してみるのも自分なりにできることのひとつではないでしょうか」とアドバイスしました。

夫に対しても、「黙って自分のペースでパチンコ屋さんに行くのではなく、とりあえずトモコさんの予定などを聞いてみるのはどうでしょう？」と問いかけました。つまり、すぐに思いどおりにならないときに、その不快感を避けて自分流に行動するのではなく、「自分にできることを実行する――相手への伝え方などを工夫する」といった姿勢を促したのです。二人とも、私の提案にうなずき、これまで避けていた交流を心がけてみると語りました。そして少しずつではありますが、これまでとは異なる関わり方を試みるようになっていったのです。

トモコさんは、元来完全主義的な性格であり、持ち前のがんばりもあって子育てや仕事に力を発揮してきましたが、子どもの自立や失職といった喪失体験を契機に、こころの危機に陥ったと考えられます。

そもそもトモコさんが子育てや仕事に全精力を傾けた背景には、家庭を顧みない夫への根深い不信感と不満があるわけですが、その結婚自体も「子どもが欲しかった」と回想されているように、成人期の葛藤を回避するための手段だったかもしれません。

トモコさんは「結婚」という新たな生活形態に理想的な未来像を描いたわけですが（縦糸）、それが思いどおりに行かなくなったとき（夫との情緒交流ができない）、子育てや仕事にエネルギーの矛先を変え（縦糸の修正）、「他者から必要とされる自分」を実感することで（横糸）何とかバランスを保ってきたのでしょう。

こうした転換自体はトモコさんなりの自己実現への試みだったわけですが、そこまで打ち込んだ仕事や子育ての役割を喪失したとき、夫への落胆も含め、これまで回避していた葛藤が一気に押しよせ、「どのように生きていったらよいのか」というよるべない思いに圧倒されてしまったのでしょう。

退院後のトモコさんは、積極的に家事に取り組み、生活の幅を広げていきましたが、次第に時間を持て余し、「このまま年老いていくのだろうか」と不安を抱くようになりました。趣味を探そうにも「何をやりたいのかわからない」と訴えるトモコさんに対し、私は「トモコさんがどのように生きていくかの不安であり、答えを急がずにじっくり探っていきましょう」と伝えました。

さらに、夫への不満を吐き出すように掃除に没頭するトモコさんに対し、「夫の長年の習性を変えることは難しいでしょう。何を求め、何をあきらめていくかです。思うようにならないジレンマを掃除で埋め合わせるのではなく、その思いを自分のこれからの生活に向けて、興味のあるものには手を出してみましょう」と促していきました。

その後トモコさんは、手芸に精を出すようになりましたが、持ち前のセンスの良さから評判になり、販売もするようになりました。夫も「稼いだお金でご馳走して」とトモコさんの能力を素直に評価するようになり、夫婦の関係も変化していったのです。治療終結前にトモコさんは、「なんであんなことを気にしていたのかわからない」と笑い、生き生きと自分の作品を見せてくれました。

2　姑との関係、家庭内の役割をめぐる葛藤
——ふがいない自分に悩むミナコさん

ミナコさん（42歳）は、結婚5年目の28歳のときに夫が心臓病で突然死しました。その後は長男だった夫の実家の養女となり、子ども3人を育ててきましたが、8年ほど前、末息子が小学校に入学したころ、家業の人間関係の悩みからうつ状態に陥りました。

その後も家業と家事との板挟み状況から、短期間ではあるものの、同じように抑うつ的になり、日常生活が困難になる状態を数回繰り返していました。4年前に家業から手を引いてからは比較的安定しましたが、趣味に手を広げすぎ、しかも家事とそれらの習い事をきちんと両立させようとしたために、再び板挟み状況となり、うつ状態に陥ってしまいました。

結婚後、ミナコさんは家業も家事もテキパキこなし社交的な姑を頼りにしつつも、心のどこかで劣等感も抱いていたようです。それだけに、いろいろと行動を広げた末にダウンし、家事もままならなくなってしまうことはミナコさんの焦りを強めました。それととも

に、姑との家庭内の役割をめぐる葛藤も表面化し、これまで心の奥にしまっていた姑に対するさまざまな感情が強まるなか、うつ状態がながびいてしまったのです。

ミナコさんの抑うつ感は、休息と薬物療法によってある程度改善し、最低限の家事はこなせるようになりました。しかし、家業の社員や近隣の人たちからも頼りにされ、非常に活動的な姑と自分を比較しては、思うように動けない自分をふがいないとし、葛藤的になる面が目立ちました。そこで、森田療法の考え方を用いたカウンセリング（外来森田療法）を並行しておこないながら、抑うつ気分やさまざまな感情とどのようにつきあうかを話し合うことにしました。

そのころのミナコさんは、抑うつ感や疲労感のために家事ができない日もありました。しかし、姑に手を出されることを嫌って、「家業の手伝いを休ませてもらっているのだから、家事だけは自分がやらなければ」と料理も掃除もすべて完璧にこなそうと気負う様子が見られました。というのも、舅が社長を務める家業も、実際取り仕切っているのは姑であったため、家事のことまで姑の助けを借りたくないという気持ちが強かったようです。そうした意地もあって、「無理しないで」と心配する姑の言葉や、「ついでだからやっておいた」と手助けをする姑の行動を「あてつけに感じる」と被害的に解釈し、その意図を姑に直接確かめることもありました。まさに姑との張り合いが強まっていたのです。

そこで私は、思うようにならない自分に対する苛立ちや焦りには共感を寄せつつ、人生をマラソンにたとえて次のように伝えました。「マラソンを短距離のスピードでずっと走り続けたらバテてしまいますよね。長距離を走りきるにはある程度力を温存させることも必要でしょう。人生もそれと同じです。〝そこそこ〟を目標にやってみましょう」と、焦る気持ちのまま突っ走るのではなく、自分なりのペースで生活するよう促したのです。また家事についても、「すべてを自分でやろうとせずに、今は周囲の力も借りながら長続きする方法を考えましょう。それが回り道のようで、結果的には早道だと思いますよ」と姑との役割分担を勧め、「任せること」を促していきました。

このように、気分や環境は思いどおりにならない事実を伝えつつ、すべてを思いどおりにしようと気張るのではなく、ミナコさんががんばるところと力を抜くところ、気をつかうべきところとつかわなくてもよいところを分けるようにアドバイスをしていきました。

その後ミナコさんは、「最初はいやな気分になるけれど、任せてやってもらったほうが実際は楽なんだと思いました」と語るようになり、少しずつ周囲に任せることができるようになっていきました。また力を抜くことで逆に動きもスムーズになり、失敗が少なくなることなどを体験し、姑との葛藤も軽減していきました。そうした体験を通して、少しずつミナコさんは姑とは異なる形で「自分にできることをしたい」と語るようになったのです。そこで私は「○○したい」と自然に感じたことから動いてみるよう促しました。その後ミナコさんは「自宅の敷地が空いているので、野菜をつくってみたい」と話し、自分なりの手応えを探るようになったのです。

ミナコさんの場合は、思い描いていた結婚生活や家族との生活（縦糸）が、夫の突然死により崩れ、養女となることで家族内の居場所や役割を維持しようとしました。しかし、仕事も近所づきあいもそつなくこなす姑との関係のなかで、自分の存在意義に不安を抱いたミナコさんは、家業と家事を完璧にこなそうとした結果、疲労感を強めたものと思われます。

そこでミナコさんは、子育てが一段落したころ、葛藤が強まる家業から撤退し、自分の生きがいを求めて習い事に熱中しました。これは、何とか立て直しを図ろうとするミナコさんなりの試みとも理解できます（新たな縦糸の探索）。しかし、姑のように周囲から認められたいという思いは非常に強く、完全な両立をめざしたために、再び家事との板挟みに陥って破綻したと考えられます。

3　子育てをめぐる葛藤
――反抗的な娘に悩むケイコさん

ケイコさん（50歳）は、元来心配性で人目を気にするところがありました。非常に厳格な父親のもとに育ち、成績が優秀な姉に対して引け目を感じつつ、父親に反抗的な姉とは対照的に父親の顔色をうかがう子どもでした。

短大を卒業後、現在の夫と職場結婚をしました。夫と息子、娘の4人家族でしたが、夫の両親、兄弟が近所に住んでいるため、相手の思惑を気にしたり、比較することも多かったようです。またケイコさん自身が音楽好きなこともあり、幼少期から娘にピアノを習わせ、著名な先生の指導を受けたり、音楽会に連れていったりと娘の世話に没頭する毎日でした。

しかし中学に進学後、娘はピアノの練習に追われる毎日に不満を抱き、「友だちと一緒に遊ぶこともできないし、皆のように自由な時間がない」と訴えるようになりました。そしてついに「ピアノをやめたい」と言い出したのです。娘にとって良かれと思い、ピアノが少しでも上達するようにと努力をしてきたケイコさんは、娘の言葉にひどく動揺しました。そして、やめるのを何とか阻止しようと、娘の生活に干渉し、友人関係についてもあれこれ口出しをするようになったのです。

その結果、娘はいっそうケイコさんに反抗するようになり、入学したばかりの高校にも行かずに、携帯のサイトで知り合った友人らと夜遊びを繰り返すようになりました。

ケイコさんは自分の行動が娘を非行に走らせたのではないかと自責の念にかられるようになります。そして、本当は娘の夜遊びをやめさせたいと思っているにもかかわらず、反抗されるのが怖くて口に出すことができなくなりました。また娘の顔色をうかがったり、娘の言動を深読みしてあれこれ考えるようになり、ますますその行動に翻弄されるようになってしまったのです。その結果、不眠、漠然とした不安、意欲低下などが強まったため精神科を受診し、外来森田療法に導入となりました。

ケイコさんは、面接で「小さいころから周囲の目を気にするタイプだった。姉は成績もよかったし、何でもできていつも親に褒められていたので、それに比べて自分は……といつも引け目を感じていた」と語りました。また「自信がなかったので、どちらかというと自分の意見も気持ちも表に出さなかった」と話し、周囲の思惑を優先して成長してきたことを吐露したのです。

そうしたケイコさんにとって、娘は自分に代わって理想を実現する存在であったのかもしれません。娘にとってそれは非常に重荷だったようで、「最初はピアノも楽しかったが、どんどんハードルが高くなっていやになった。友だちとも遊びたいし、もっと自由に過ごしたい」「お母さんは勝手！　私の気持ちを全然わかってない」と母親を責めるようにもなりました。ケイコさんはショックを受けましたが、その後「娘がピアノで評価されると自分のことのようにうれしかったし、娘のピアノのためなら……と必死だった」「娘の気持ちをわかろうとしていなかったのかもしれない」と振り返りました。娘のピアノに没頭することは自分自身への不全感を代償する意味ももち、いつしか彼女の人生の目的となっていったのでしょう（縦糸）。

しかし、母親の過剰な期待とコントロールに娘が反発しはじめたとき、ケイコさんは娘に託していた希望を失うだけでなく、これまでの自分の生き方さえも否定されるような喪失感を体験し、心理的な危機に陥ったと考えられます。

4　夫婦・親子関係をめぐる葛藤
――夫と娘に振り回されるカヨさん

カヨさん（51歳）は、夫と娘の3人暮らしでしたが、3年前ごろよりやる気が出ない、外出や買い物ができない状態になり、近所の精神科クリニックでうつ病と診断され、薬物療法を受けました。ちょうどそのころ、親戚の死といった喪失体験、娘の習い事の送り迎えの疲労などがあったといいます。翌年になると、娘の登校しぶりが始まり、学校に行きたがらない娘を送り出すことに疲弊し、寝込むことも多くなりました。薬物療法によって、ある程度抑うつ症状は改善したものの、娘の不登校のストレス、ワンマンな夫に対する不満などから、気分がスッキリしない状態が続いたため、外来森田療法に導入されました。

カヨさんからは「何となく気力が出ない。本当はもっと家事もやらなければならないのだけど、どうしてもソファで横になってしまうんです」と気力の低下、それに伴う寝込みなどが語られました。しかしその多くは夫、子どもとの関わりをきっかけに生じていました。具体的には、「朝、子どもが学校に行きたがらない。行かないと夫が不機嫌になる」「夫が帰宅して、また娘が休んでいたことを知ると甘やかしていると怒られる」「休んでいると勉強が遅れるといって、夫がいやがる娘に無理矢理勉強をさせようとして言い争いになる。それを聞いていると息苦しくなってくる。いつも夫は押しつけるばかり」と語っていました。特に子どもの登校しぶりについては、夫の反応を恐れてカヨさん自身も一喜一憂しがちであり、娘に対してもどのように関わったらよいのかわからず、迷いや不安を抱いていました。夫に対しては、「私が何を言っても聞こうとしない。自分が絶対正しいと思っている。昔からそうで、家族旅行でも何でも自分の考えを押し通してくる」と語り、ワンマンでマイペースなことに不満を抱いていました。

そこで私は、夫の性格をすぐに変えることは不可能と伝えつつ、「カヨさん自身は本当はどうしたいのでしょう?」と繰り返し問いかけ、「一拍おいてから伝えてみるとか、直接が難しければメールや手紙で伝えてみたらどうでしょう」と話しました。つまり夫の性格や考え方をすぐに変えようとするのではなく、対応の仕方など自分で変えられるものを工夫するよう伝えました。そしてカヨさんが悩む問題と、勉強や友だちとのつきあい方など子ども自身が悩むべき問題を区別するようアドバイスしていきました。

カヨさんの他者との関わりに影響されやすい傾向は、夫のみならず子どもの母親関係でも同様に見られました。特に苦手な母親との関わりでは、「○○さんと会うのがいやなので、夫に迎えに行ってもらう」などと娘の送迎そのものを回避したり、学校行事や会食では和やかに過ごそうとがんばりすぎて、翌日ダウンしてしまう傾向が認められました。

そうしたカヨさんに対し、私は「相手の対応にいやな思いをしたり、がっかりすることを避けるために、相手と関わること自体を避けてしまうか、逆に相手に無理に合わせるといった極端な姿勢になっていないでしょうか」と伝えました。つまり、失敗や衝突を過度に恐れて、「全か無か《オール・オア・ナッシング》」の対応になりがちなことを指摘したのです。さらに「いやな思いを避けようとする対応が逆に自分を疲れさせているのではないでしょうか」と問いかけました。そして「確かに……」とうなずくカヨさんに対し、「後味の悪さをすぐに避けるのではなく、そのなかで、自分が必要だと思っていることや本当にやりたいことを優先して行動してみましょう（優先順位をつけて）」と促しました。また「完璧を求めがちな傾向は娘さんも同じかもしれませんね。似たもの同士だからこそ娘さんの気持ちも理解できるのではないでしょうか？」と励ましました。

カヨさんは次第に過去を振り返り、「結婚前の仕事も、本当は別のことがしたかったが、自信がなくて……結局父親が勧める仕事に就くことにしたんです。いつも自分が考えることに自信がもてなくて、娘もやっと授かった子どもだったので、自分なりに一生懸命育ててきたけれど、学校に行きたがらなくなってどう接すればよいのかわからなくなっていました」と吐露しました。

私は、「自信がもてないのでご主人の意見や態度、娘さんの行動に振り回されてしまうんですね。でも相手の言動ばかり優先していると、ますます自分の気持ちがわからなくなって、もっと自信がもてなくなってしまうのではないでしょうか」とカヨさんの悪循環を明確にしていきました。そして「本当はどうしたいのでしょう？」とカヨさん自身の欲求を繰り返し問いかけながら、「自分の気持ちを振り返って、もう少し大事にしてみましょう」と支えていきました。また「ご主人や娘さん自身はどうがんばってもすぐに変えられないものです。カヨさんの気分や気力も同じですよね。でも、そうした相手とどうつきあうか、自分の気分や気力が整わないなかで、一日をどう過ごすかを工夫することは自分なりにできることですよね」と伝え、誰のために何をがんばろうとしているのかを振り返り、がんばるところとがんばらないところの区別をつけるよう促しました。

その後カヨさんは、夫に伝えたいことを手紙に書くなど工夫をするようになり、夫も多少はカヨさんの希望に耳を傾けるようになってきました。また徐々にではあるものの夫や子どもの反応もそのまま流せるようになり、以前のように寝込むことはなくなりました。

カヨさんも、先のケイコさんと同じように、他者の思惑や期待に応えようとする傾向が強く、自己表出や他者との衝突を回避していました。それゆえ自分の本来の欲求や感情そのものが曖昧になり、環境に振り回されがちでした。しかしその背後には、他者にわかってほしいという強い希求が認められました。

こうしてみると、カヨさんは妻として、あるいは母として生きていくうえで（縦糸）心許なさや不全感を抱いており、周囲の期待に沿う自分が自己評価につながっていたと言えます。また子どもに関しては通常のルートから逸脱することへの不安が強く、子どもが普通であることが自分の安心感につながるというように、他者との関わりのなかで（横糸）みずからの存在を見出そうとする姿勢が優先されていたために、周囲との関係に翻弄され、行き詰まったと考えられます。

ここまで、子どもをもつ既婚女性の葛藤について述べてきました。では結婚をしない生き方を選んできた女性、あるいは子どもをもたない選択をした女性についてはどうでしょうか。

昨今、女性の社会進出とともに、シングルという生き方もかなり一般的なものとして認知されるようになりました。しかしそのなかには、積極的に「一生結婚をしない」選択をした女性だけでなく、結婚か仕事かの選択に迷い、仕事に面白味を感じてきたために結婚のタイミングを逸してしまったタイプや、いい出会いに恵まれず、仕事を続けているうちに中年期を迎えてしまったタイプも多いでしょう。いわゆる、結果的にシングルの生き方を選択した「先送り」タイプです。一方、結婚はしたけれども、子どもをもたないままに中年期を迎えた女性の場合も、積極的にもたない決断をしたタイプと、「もう少し仕事が落ち着いてから……」「まだ大丈夫」と「先送り」したタイプがあるでしょう。

ここでもう一人、子どもをもたないままに中年期を迎え、漠然とした不安に圧倒されたケースを紹介します。

5　子どもがいない将来の生活に対する不安
――漠然とした不安に苦しむナオミさん

ナオミさん（49歳）は、もともと神経質な性格で潔癖なところがありましたが、親の転勤に伴い中学～高校時代に数年間海外で生活していた際に、トイレで手を洗わない人を見て以来、汚れへの嫌悪感、何度も手を洗わずにいられないことに悩むようになりました。国内外を含め、数か所の治療機関を訪れたようですが、症状はありつつも何とか大学は卒業し、その後は通訳として多忙な日々を送っていました。29歳のときに結婚し、30代後半には不妊治療もしていますが、結果的に子どもは授かりませんでした。夫は自営で金融関係の仕事をしていましたが、やや収入に波があったため、ナオミさんの通訳の仕事は夫婦の生活のために必要なものでした。

汚れに対するこだわりは現在も残っており、自分なりの対処を優先するために、仕事には何とか対応できても、家事はギリギリの状態で、部屋は片付かない状態になっていると言います。40歳を過ぎたころ、たまたま暇でぼーっとしていたときに漠然とした不安が生じ、それが徐々に繰り返されるようになってきたために近所の心療内科を受診しました。服薬によって多少不安は軽減したものの、このままの状態で年齢を重ねることに不安を感じ、森田療法を希望して受診、外来森田療法に導入となりました。

ナオミさんが抱いていた不安は、将来に対するさまざまな不安でした。「この仕事は定年もないし依頼次第なので、いつまで仕事が来るのかわからない。年齢とともに体力も落ちてくるだろうし、仕事のやり方を変えるべきなのかとかいろいろ不安になるんです」「子どももいないし、夫が先に亡くなったら一人ぼっちになってしまうのではないか、ヨガやジムなど習い事はしているものの友人が多いわけでもないし……」などと語り、考えても答えが出ないことをあれこれ考えてしまうようでした。しかし「仕事が忙しいときには考える余裕がなくて忘れてしまう」とのことで、「逆に夏休みなどの暇な時間が不安なんです」とも語りました。

ナオミさんは仕事だけでなく、休日も習い事などに忙しい日々を送っていましたが、片付かない家の整理にはなかなか手をつけられず、先送りをしていました。つまり、片付けの際に味わう不快感、不全感を避けていたわけです。ナオミさんは忙しさを理由にしていましたが、結局夏休みになっても片付けに腰が上がらないのは同様であり、逆に時間ができると将来の不安がつのることを心配していたのです。本当に心配すべきこと、対処すべきことがズレており、まさに目前の不安や不全感を避ける点がナオミさんに共通する姿勢でした。

私は、「将来どうなるのか、孤独になったらどうしようなどと心配したり、老いることを不安に思うのは自然なことですよね」とまずは誰にでも生じる自然な感情として認めていきました。そのうえで「不安ではあるけれど、将来のことは誰にもわからないことです。すっきりしない気持ちを解決しようと考えても、ますます不安になりますよね。わからないことの答えを求めるのではなく、本当はどんな人生を送りたいのか、少しでも後悔しない人生を送るために、〝今〟何ができるのかを考えてみたらどうでしょう」と伝えました。つまり、将来の不安や老いていく現実など、見たくないもの、感じたくないものをまず避けようとするのではなく、そうした不安も事実としてつきあいながら本来の欲求を生かすために「今」できることを探るよう促していったのです。

その後ナオミさんは、少しずつ仕事の引き受け方なども振り返るようになり、その分の時間をどのように使うのか、試行錯誤を始めていきました。

ナオミさんの場合は、神経症的な症状を抱えつつも、仕事と家庭の両立をめざし（縦糸）、実際にそれを実践してきました。子どもを望み、不妊治療を受けながらもそれがかなわなかったとき、再度仕事に力を注ぐことで喪失感を回避し、何とか持ちこたえてきたと言えます。しかし、中年期を迎え、体力の衰えなども実感するなかで、拠りどころとしてきた仕事や情緒的な支えを失うかもしれないという不安が押しよせ、葛藤を先送りすることが難しくなったと思われます。

中年期は、冒頭でも書きましたようにからだの衰えを実感する時期であり、特に女性の場合は、出産年齢の限界を迎えるときと言えます。シングルのまま、あるいは子どもを産まないままに中年期を迎えた女性は、こうした身体的・時間的限界に直面したとき、「はたしてこれでよかったのだろうか」「自分の人生は価値があるのだろうか」という思いにとらわれやすいようです。子どもをもつことができないという現実を前に、自分の人生の再評価がおこなわれるのです。

ナオミさんのようにキャリアウーマンとしての生き方を選択した女性の場合でも、中年期になると仕事上の限界や現実も見えてくるだけに、「別の生き方があったのではないか」という疑問が浮上しやすいと言えます。それだけに、この時期に自分らしさや自分なりの生き方を再確認できないと、年齢を重ねることへの不安（老いへの不安）や、何かをやり残したような不全感、孤独感が強まり、行き詰まるのです。それだけに、この時期に抑うつ的になったり、強迫性障害などの不安障害に陥るケースも少なくありません。まさに、自分なりに選択した生き方が、身体的限界を実感したとき、改めて問い直されると言えるでしょう。

3　中年期女性の葛藤とその解決

1　生き方をめぐる葛藤

例をあげながら、中年期の女性が直面する葛藤を眺めてきました。しかし、こうした危機は突然訪れるものではありません。成人期からこれまでの間に、さまざまな揺らぎを経験し、そのつど何とか乗り越えてきたものが、中年期に至ってそのままの形では続行不可能になったとき、生き方の変更を求められて危機に陥るのです。

先にあげたトモコさん、ミナコさんは、成人期の自分なりに選びとった生き方（縦糸）が思うようにいかなかったとき、新たな生き方を模索し、それなりに修正してバランスをとろうと試みている点で共通していました。そして、両者はいずれも、「頼りにされる自分」「認められる自分」を求めており、「他者のための私」「他者の目に映る私（他者を通した私）」を優先しています。

トモコさんは、夫との理想の生活、心が通い合った生活を求めていましたが、それがかなわなかったとき、仕事や子育てにエネルギーを注ぐ生き方に転換を図り、そこで「頼りにされる自分」を拠りどころにしました。ミナコさんは、幸せな結婚生活を求めていましたが、夫の死後は家族のなかに自分の居場所（家族の一員として認められる自分）を見出そうとしました。しかし、それもかなわなかったとき、仕事や趣味にエネルギーを注ぐことで「認められる自分」を探ろうとしました。そして両者ともに、拠りどころにしてきた「他者」を見失ったとき、みずからの立ち位置も曖昧になって行き詰まったと言えるでしょう。

一方ケイコさんとカヨさんは、他者の期待に沿うことを優先し、自分らしく生きることを抑えてきた点で共通していました。ケイコさんの場合は、娘のピアノにエネルギーを注ぐことを生きがいにしていましたが、ケイコさんが「娘」という対象を通して実現しようとしたものは、まさに他者に合わせるという形で封じ込められてきたケイコさん自身の願望だったとも考えられます。安定した結婚生活を選択することで、みずからの願望や葛藤と向き合うことを先延ばしにしていたとも言えるのです。カヨさんの場合も、夫や周囲の思惑を優先していたために、自分らしさが曖昧になっていました。良き妻、母となろうとしながらも、内実は心許なさを抱えていたために、一人娘の不登校はカヨさんの自己評価を揺るがすものとなりました。さらに夫の言動や思春期の娘と夫の衝突がカヨさんの不安や揺らぎを増大させ、自己を見失わせる要因になったと理解できます。

先の二人が他者との関係に自分の立ち位置を見出そうとしたとみるならば、後の二人の場合は他者を優先した生き方を維持することで、自分なりに葛藤を避けてバランスを保ってきたと考えられます。しかし、娘が自分の思いどおりにならない現実に直面せざるを得なくなったとき、改めて自己の生き方を問い直されたと言えるでしょう。

最後に紹介したナオミさんの場合も、仕事に打ち込むことで女性としてのさまざまな葛藤に直面することを先送りしてきましたが、加齢という現実に直面したとき、みずからの生き方に向き合わざるを得なくなったと思われます。

2　喪失体験をどう乗り越えるか

では、中年期の女性が危機に陥る要因とはどのようなものでしょうか。中年期の危機としてもっとも象徴的なことは「喪失体験」でしょう。トモコさんは生きがいであった子どもと仕事を喪失し、ミナコさんは夫や家族内の役割を喪失し、ケイコさんは果たせなかった自分の夢を喪失しました。カヨさんは夫や娘、そして自分自身が理想どおりにはならない現実を、またナオミさんはいつまでも若々しい自分が不可能であることを知ることになりました。

シングルあるいは子どものいない女性の場合は、子どもをもつ可能性を喪失します。とはいえ、この喪失感そのものは中年期に特有のものではありません。理想とする自己と現実の自己との狭間で葛藤し、思いどおりにならない自己と向き合いながら喪失感を味わうのは青年期・成人期でも同様です。しかしながら、体力・能力的にも、また物理的な時間においても限界が目前に実感されたとき、その喪失感はこれまでにない切迫感をもって彼女たちを圧倒すると言えます。とりわけ青年期の葛藤を何らかの形で回避し、「変更・拡大可能な未来」を想定することによってその解決を先送りしていた場合には（ケイコさんやナオミさん、また子どもをもつことを先送りしたタイプなど）、まさに人生が根底から揺り動かされるような不安を喚起するのでしょう。

こうした「喪失体験」は誰にとっても乗り越えがたいものです。前章で取り上げた成人期の事例も、理想どおりに行かない現実（自己、他者、環境）に対する落胆や喪失感を受けとめられず、それに執着して行き詰まりました。しかし中年期という人生での折り返し点での喪失は、青年期や成人期のそれとは異なる無力感や痛みとともに体験されます。まさに「限界」がリアルに差し迫ってくるためです。それだけに、未来が変更・拡大可能なものではなく、限りあるものであるという現実をどのように受け入れるか、そしてどのように次の生き方へ転換するかが中年期の重要な課題となるのです。

ではこうした中年期の葛藤について、どのように対処したらよいでしょうか。

前章では成人期の葛藤のつきあい方として、変えられないものと変えられるもの、できることとできないことを分け、不可能な努力をあきらめ、可能な努力を探る必要があると述べました。中年期の場合、こうした「事実を事実として、しっかり見つめ、それを受けとめていく姿勢」がよりいっそう求められると言えます。

まずは、時間・身体・能力には限りがあるという物理的な事実、つまりみずからの限界を受けとめる必要があります。これは「あきらめる」ことにもつながりますが、単なるあきらめではありません。森田正馬が「夏は暑い、いやなことは気になる。不安は苦しい。雪は白い。夜は暗い。何とも仕方がない。それが事実であるから、どうとも別に考え方を工夫する余地はない」と述べているように、ありのままの事実として認めていくのです。

年齢を重ねるなかで衰えていく体力や能力、残された時間といったものはどうにも避けがたいものです。そして、そうした自分に対する情けなさや心許なさもまた自然であり、そう感じること自体は変えようがないものなのです。

しかし、ここで重要なことはそれ以外の事実もきちんと見つめていくことです。それは、さまざまな揺らぎや葛藤を抱えつつ、これまで自分なりに生き抜いてきた事実、そして今の行き詰まりの背後には、それだけ納得した人生を送りたい、充実した日々を送りたいと願う心があるという事実です。過ぎた日々に対する後悔、不全感を解決しようと「あのとき、こうしていたら」「違った人生を歩んでいれば」と選ばなかった別の生き方を考えれば、ますます現実が受けとめられなくなってしまいます。ましてや、思いどおりにできない他者（夫、姑、娘）を何とかしようとしても、不毛な試みに時間を費やすことはあっても、先が見えることはありません。森田が「前を謀らず、後ろを慮らず」と述べているように、事実は事実として受けとめ、「今」に全力を尽くすことが新たな生き方につながるのです。

森田は、「我々は人生の欲望に対して、常に念がけ、あこがれながら、その目的を見失わず、その現在の力の及ぶ限りのベストを尽くしている。これが『現在になりきる』という事の自然の状態である」と述べています。まさに「現在になりきる」ことが、一度きりの人生を実りあるものにしていくのではないでしょうか。

今回紹介した5人の例は、それぞれに自分の境遇を受けとめ、そこでできることを探り、新たな生きがいを見出していきました。それは、「他者」のための人生ではなく、「自分」を大切にした生き方でもありました。トモコさんが最後に見せてくれた晴れやかな笑顔は、それまでの揺らぎを通り抜けたからこそのものであり、また自分らしい生き方を探ることは、家族との新たな絆をつくることでもあったことを教えてくれるものでした。

4　おわりに――そうせざるを得なかった自分を受けとめる

小此木啓吾は中年の惑いについて、「本来は、青年期に選んだアイデンティティこそ真の自己の生き方であることに間違いはないにもかかわらず、それが誤りであったのではないかと迷い始め、別な自分の可能性こそ本当の自分の生き方ではないかと思い始める。これが惑いである」と述べています。

みずからの有限性を実感したとき、人は誰でも動揺し、「こんなはずではない（なかった）」とその事実を否定しようとし、「もっと○○なはずだ」と未来への可能性を必死に探ろうとするものです。しかし、その葛藤の末に見出す新たな生き方とは、まったく別の選択肢なのではなく、これまでの生き方の是非も含め、そうせざるを得なかった自分を受けとめたときに見えてくるものでしょう。

そう考えるならば、中年期の喪失体験は「人生の終わり」ではなく「新たなはじまり（再生）」の原動力を意味するのであり、いかにそこに転換するかが重要な課題と言えるでしょう。

参考文献

C・G・ユング「人生の転換期」（鎌田輝男訳、「現代思想　総特集＝ユング」青土社、1979年）
小此木啓吾「中年の危機」（飯田真ほか編『岩波講座　精神の科学6　ライフサイクル』、岩波書店、1983年）
森田正馬『森田正馬全集　第五巻』（高良武久他編、白揚社、1975年）

Ⅴ

高年期——喪失、そして新たな生き方を探る時期

1　高年期とは

高年期はライフサイクル論で言えば老年期に当たり、健康日本21の定義によれば65歳以上を指します。心理学者のエリクソンによれば、高年期の発達課題は、「喪失と統合」です。高年期では、仕事・友人・配偶者・お金・体力・健康など、ありとあらゆる面での喪失が実感される時期です。そのため、体力の低下や美貌の衰え、親や配偶者との死別など、さまざまな人や有形無形の大事なものを喪失することが、一般によく言われるこの時期のテーマのひとつです。私たちは「喪失」というと、積み上げてきたものが奪われて何も残らなくなってしまうという、なにか空しいイメージを思い描きがちです。しかし、実際に多くの高年期の方々と接していると、喪失を超えたところにある、さまざまな人生の深みや重みを感じます。

厚生労働省の「完全生命表」や「簡易生命表」によると、1947年では53・96歳が女性の平均寿命でしたが、2016年では87・14歳まで延びました。特に2016年の夫婦の場合は、夫の仕事の引退（60～65歳）から夫の死亡（80・98歳）までの期間がおよそ20年間であり、さらに平均寿命の男女差は1947年は3・9年、2016年では6・16年と、1947年の約1・6倍ですから、夫が亡くなったあと女性がひとりで暮らす期間は、昔より延びているかもしれません。

このように、いわゆる「老後」の期間が非常に長くなっており、さらに現代の高年者は健康で元気ですから、静かに短い余生を過ごす、というイメージはもはや過去のものと言えましょう。つまり、引退後の長い余生をいかに過ごすかが重要な課題となります。近年はそのような時代を反映してか、熟年から老年にかけた男女の恋愛や人生をテーマにした小説や映画が国内でも海外でも次々と発表され、また高年期に入った小説家たちが「老いを生きる」をテーマに、さまざまな視点でエッセイを書いています。さらに最近では「終活」をテーマにした生活の勧めやエッセイなども見られます。このように現代は、これまでほとんどの人が体験しえなかった、超高齢化社会を生き抜く知恵が必要とされているのです。

平成28年版の厚生労働白書によると、2015年の65歳以上の労働力人口は744万人と増加傾向にあり、労働力人口総数に占める構成割合は11・3%と1970年（4・5%）と比べると約2・5倍に増加しています。また65歳以上の男性の就業率は29・3%と世界のなかでも高い方であり、女性の就業率も14・3%と、アメリカの14・4%に次いで高い就業率です。また内閣府の「高齢者の地域社会への参加に関する意識調査（2013年）」によれば、「65歳以降も働きたい」という回答が65・9％でした。ところで2010年の60歳以上の男女を対象にした「高齢者の生活と意識に関する国際比較調査」では、収入を伴う仕事がしたい理由として「仕事を通じて友人や仲間を得ることができるから」が、韓国、アメリカ、ドイツ、スウェーデンと比較すると抜きん出て高い比率となっていました。

以上のように、今日の高年期は「喪失の時期」という一面的なとらえ方よりも、何らかの仕事をしながら家族や友人、仲間との関わりを持ち続けるという、いわば「第二の人生」「生き直し」の時期といっても言いすぎではないと思うのです。私が接するさまざまな立場の高年期の方は、何かの「喪失」自体が新たな生き方のきっかけになったり、日々自問自答を積み重ねて成熟を深めたりと、「今」を悩みながら生き生きと過ごしているように思えます。

青年期は、自分の感情の事実を見つめながら自分らしさと女性らしさの基礎を学び、限りなく広がる自分の可能性を探る時期でした。また、成人期は自分の生き方を選択して新しい生活を始める時期、中年期は自己の限界を自覚して生き方を問い直す時期でした。これらの時期を乗り越えてきた高年期は、喪失によって否応なく自身の一部が削ぎ落とされるものの、人としてずっと成長し続けるという、よりいっそうの「人間的な発達を形成する時期」だと言えるでしょう。

2　高年期女性のさまざまな悩み

高年期の女性の他者との関わり方をめぐる問題は、ほとんどの例で昔ながらの「女性の役割」が関係しているように思います。この年代の女性は青年期に「女性らしさ」を学び、成人期・中年期になると「女性らしさ」の実践として家事や子育て、介護など「女性の役割」をこなすようになります。自己を滅して子どもや夫の期待に応えようとする「女性はかくあるべし」という考え方が、この年代の女性自身やその周囲の人たちに根強く存在するために、極端な例では過剰な労働を自分に強いてしまうことがあります。高年期では、そうした尽きぬ「女性の役割」とどのように折り合いをつけて生きていくかが、重要な課題となります。ときには、自分自身のためのより良い第二の人生を生きるために、これまでの生き方を見直す必要があるかもしれません。

多様な生き方のひとつを選択して生きてきた高年期の女性が、どのような悩みをもち、第二の人生をいかに探っていくのか、いくつかの症例を通して考えたいと思います。なお、これらは実際の事例を組み合わせて脚色した架空の症例です。

1　女性の役割に縛られる
——介護に悩むトシエさん

現代の高年期の女性は、20年前の高年期の女性と比べると、さまざまな役割を担っており、かなり忙しいのではないでしょうか。まず、定年退職をした夫と一緒に過ごす時間が長くなりますが、この年代の男性は家事の経験が少なく、「家事は女がやるもの」という価値観を根強くもっている人が多いため、女性は相変わらず家事を一人ですべてこなさなくてはならず、夫のために食事をつくる手間が増えます。さらに長生きしている両親、あるいは義父母の介護が加わります。

最近はさまざまな事情から成人しても仕事に行かなかったり、結婚しなかったり、就職して中年期になっても家を出なかったり、という成人〜中年の子どもが増えています。こうした子どもをもつ女性は、その将来を心配してはっぱをかけたり、自分を責めたりして疲れ、先の見えない不安を抱きやすいものです。また、遅い結婚で高齢出産をしたのちに、仕事に復帰する女性も多くなりました。そのような娘のために、孫の世話を引き受け、疲れてしまった高年期の女性も増えています。高年期の女性は、年齢的に体力や気力が落ちているのに、これらの多くの役割を「私が引き受けなくてはならない」と感じています。これまで役割意識を強くもって生きてきた癖なのか、「いつまでも頼られて、疲れるわ」と苦笑いしつつ、自分がもっと楽に過ごせる方向性をなかなか見出せずにいます。

次にあげる一例は、体力以上の「女性の役割」に縛られ、苦しんでいる方のお話です。

トシエさんは67歳の女性です。半年前から不眠、涙もろさや抑うつ気分を自覚するようになり、私のクリニックを受診しました。抗うつ薬と睡眠薬を調整したところ、トシエさんの状態はほぼ安定しました。しかし、生活の状況を聞くと、まだ問題が残されていました。

トシエさんは結婚して出産後も介護の仕事を続け、60歳で定年退職しました。もともと責任感が強く、周囲から頼られがちな人生であったそうです。職場でも、大変な仕事や面倒な仕事ほど「誰かがやらないといけない、それが介護職だから」という信念からつい引き受けてしまったり、大変そうな同僚を見るとつい声をかけて仕事を手伝ったりなどして、あとで疲れてしまう傾向がありました。トシエさんはそんな自分を「せっかちでおせっかいだから、自業自得ですね」と苦笑いして振り返っています。

定年退職したトシエさんは、これからは夫との二人暮らしをゆっくり楽しもうと思っていました。しかし、徐々に一人暮らしの母親の認知症が悪化してきたために、3年前から毎朝早く起きて夫のために朝食をつくってから、歩いて20分ほどの場所にある実家に通い、食事や掃除をして一日過ごし、それから自宅に帰って夫と自分の夕食をつくる、という忙しい生活になりました。特に2年前に夫が仕事を満期退職して一日家にいるようになってからは、夫の昼食をつくるために昼にいったん帰宅して、また実家に戻り夕方まで母親の世話をする、という生活になりました。夫は長年トシエさんに家事を任せていたためか、毎日テレビを見ながら食事や風呂の準備ができるまでただ待つだけで、トシエさんの家事の負担は多くなるばかりでした。夫の三食の世話をして母親の世話をして、という毎日で次第に疲労がとれなくなり、家事をするとき以外は横になることが多くなり、さらに夜もぐっすり眠ることができなくなりました。夫は、トシエさんが疲れて寝ているときでも、何もせず食事をつくってくれるのを待っていました。

私は生活上の問題を指摘し、夫の世話を減らして少し放っておいてはどうか、母親の世話を2人の妹たちにもう少し任せてはどうか、介護保険の活用はどうか、などの提案をしました。しかしトシエさんは「夫は家事をしたことがない人だから、頼んでもやってくれないと思う」「イヤ、妹たちが可哀想。私は長女で、家も一番近いし」「イヤ、他人に任せるのはちょっと……」などと苦笑いするばかりでした。私はトシエさんが苦労話をするたびに、同じ助言を繰り返し伝えていきました。

何回かそうした面接が続いたあと、トシエさんは少しずつ妹たちに任せる日を設けたり、介護保険の手続きもしたりと、母親の世話を分担する工夫を始めました。ただ夫を放っておくことだけはなかなかできず、ついつい自分が動いて疲労する、という状況でした。私は「たまにはご主人の昼食をつくらないで、パンと飲み物を用意しておくだけにしたらどうですか」と提案しました。あるときトシエさんが思い切って試したところ、夫は案外一人で好きなように過ごしており、昼のパンに文句も言いませんでした。それをきっかけにトシエさんは昼のパンを継続し、少し楽になりました。最近では、「結局は私の問題なんです。私はどうやって人に頼っていいのか、わからないんです」と自分のあり方を振り返るようになっています。

2　女性の役割を喪失する
――空の巣症候群で苦しむタエコさん

ひところ、「空の巣症候群」という言葉が大きく取り上げられました。空の巣症候群とは、子どもの就職や結婚などにより母親としての役割が終了し、心に一種の空洞が生じたときに起こる、更年期不定愁訴症候群や中高年女性の精神障害などを指します。それが鳥の雛《ひな》が巣立つ環境と似ていることから「空の巣」といわれるのはよく知られていることと思います。最近はマスコミにこそ大きく取り上げられませんが、クリニックには今も、空の巣症候群の女性が相談に訪れます。ここにあげるタエコさんも、その一人です。

タエコさんは65歳の女性です。長年専業主婦として家を守ってきました。妻として夫を支え、一人息子を育て上げ、同居した病弱な姑の世話も親身におこなってきました。やがて姑が亡くなり、息子も社会人となり交際相手もでき、家にほとんどいない毎日となって、家には夫以外手をかけてあげる人がいなくなりました。タエコさんは次第に「自分は必要とされない、ダメな人間だ」と思うようになり、次第に不眠や気分の沈み、億劫《おっくう》感、息苦しさなどが出現するようになり、クリニックを受診しました。

薬物療法で通常の生活ができるまでに回復しましたが、朝の気分の沈みや虚しさ、淋しさ、息苦しさがなかなか消えず、それが苦しい様子でした。ある日もタエコさんが息苦しさをつらそうに訴えたので、私は改めて症状について尋ねてみました。すると、一人でいると症状が出やすく、友人と楽しく過ごしているときや外出しているときは出現しないとのことでした。そしてタエコさんは、「これまで子育てや介護にフル回転で取り組み、忙しく生活していたのが、もうしてあげられることはないのだ、と考えると寂しくて……」とうっすら目に涙を浮かべながら、これまでの人生について語りました。

私はこれまでのタエコさんの苦労を思い、「大変でしたが、これまでよく家族を支える役割を果たしてこられましたね」と、率直な気持ちを伝えました。そして、「タエコさんの病状は空の巣症候群と思われます。朝の気分の悪さや虚しさ、淋しさ、息苦しさは、これまでタエコさんががんばってやってこられた役割を喪失したために起こった、当たり前の反応なのです。これらの気分や苦しさはそのまま感じていればそのつど自然に消えていきます。でも、無理に整えようとすると、かえってこのつらさにとらわれて自分を苦しめてしまうのです。これからはご主人との新しい関わり方を試行錯誤していく時期だと思いますよ」と伝えました。

タエコさんは、この説明に非常によく納得しました。これまでは自分の気分や苦しさを整えようとして体操をしたり散歩したりして疲れ、ますますいやな気分になっていましたが、自分の気分や苦しさをそのままにじっくりつきあうことにしました。そうすると徐々に朝の気分の悪さがとれ、意欲も出てきました。最近は、好きな読書も再開したそうです。「何となくやりたくなってバレエを始めてみたら、楽しくて。息子がいたときには、あれこれ時間の制約があったので、まさか自分がバレエをやるなんて考えたこともありませんでした。夫も快く送り出してくれます。今だから思う存分好きなことを楽しめるのかもしれませんね」と笑います。

そんなある日、タエコさんは、「実は……主人には悪いんですけど、先日主人が風邪をひいて寝込んじゃったんです。悪いけど、『役割ができた』ってすごくうれしくなっちゃいました。やっぱり自分がやるべき役割があると生き生きするみたいです」と、ウフフと笑いながら話しました。何か「役割」が生まれると、ことのほか元気になるのは相変わらずですが、以前とは異なり、そのような自分を客観的に眺められるようになりました。タエコさんにとって、少しずつ新たな生活が始まっています。

3　体力の限界を受け入れられない
——心と身体の折り合いに苦しむマサコさん

中年期を過ぎると、どうしても体力や気力は落ちるものです。しかし昔の「隠居」という概念がなくなった今は、「生涯現役」といわれるように、医学部に70代の方が合格したり、マラソンに90歳の方が参加したりと、やりたいことがあればためらわずに挑戦できる世の中になってきました。そうなると、人の欲望は尽きないものですから、いつまでも心は成人～中年期で若々しいままの高年期の女性も多いのではないでしょうか。

一方で、現実に体力や気力は徐々に低下してきますから、心と身体の折り合いをいかにつけていくかも大事な高年期の課題です。以下に述べるのは、なかなか自分の体力の当たり前の変化を受け入れられないマサコさんのお話です。

マサコさんは70歳の女性です。数年前から原因不明のめまいに悩まされています。大学病院の内科や耳鼻科、脳外科でくわしく調べても問題がないため、私のクリニックを受診しました。なかなか治らないことに焦り、鍼灸《しんきゅう》やマッサージにも通いましたが、いずれも効果なく中断していました。

もともと活動的であったマサコさんですが、今は、症状のために倒れることが怖いので、疲れるとすぐに布団に入り、外出はもとより歯磨き、洗髪も制限される状況でした。マサコさんは、衣食住には何の心配もないのになぜこうなってしまったのかと非常に苦しみ、やりたいことができずに悔しい思いを抱えていました。しかし私がよく話を聞いてみると、マサコさんは姉がたまに遊びにやってくると、おしゃべりに夢中になって症状が気にならなくなり活動的に楽しく過ごせる、とのことでした。この話を受け、私は「めまいの症状は生活上の不安感からくるものだと思います。めまいは怖いでしょうが、それによって生活を制限してしまうと、かえって不安が強くなってしまうものです。これは悪循環です。むしろその悔しさを生かして、できることから行動してみてください」と伝えました。「めまいは怖いが、薬の眠気も怖いのでどうしたらいいのでしょう」と尋ねるマサコさんに、私は「よけいな薬は不要です。薬を減らすことも考えていきましょう」と伝えました。

次の回で、「睡眠薬なしで眠れるようになりました。今までは、ちょっとの体調の悪さでいちいち内科を受診していましたが、面倒になりほとんど行かなくなりました。疲れても布団に入らなくて済むようになって、数年前と比べると行動範囲は広がってきました。でもまだめまいが苦しい」と語りました。

私は、これまでめまいで倒れる怖さから避けていたやりたいことをどんどんやるように勧めました。マサコさんは初診のときには「症状の不安のために行動が制限されて悔しい」と語っていましたが、徐々に生活の範囲が広がってくるようになると今度は「やることがたくさんあるのに疲れて横になる自分が悔しい」と語るようになりました。私はそのことについて、くわしく尋ねることにしました。すると、「このごろは、家族も友だちも『元気になったね』といってくれるが、自分としては疲れやすいし、ふらつく感じがするのは相変わらずで、よくなっていないのではないかと思う。年のせいで疲れやすいのだ、と思うのはどうにも癪《しゃく》なのです」と語りました。

ある日の面接で、マサコさんはいつになく神妙な面持ちで、次のように語りました。「実はこれまで言いませんでしたが……夫が病気がちで毎日不安です。私たちには頼りにできる子どもがいないので、『倒れちゃいけない』『私がしっかりしなきゃ』と常に考えていて、疲れていても夫の前ではしっかりしたふりをしなくてはならず大変なのです。特にこの数年、ガクッと身体が疲れやすくなっているのに、夫の病気は一進一退で、今後のことを考えると私がもっとがんばらなくては、と焦っています。今思うと、自分の体力以上に動こうとしたときから身体がおかしくなったようです」

私は、「これまでよく気丈にご主人を支えてこられましたね。確かに、マサコさんは本来もっている体力以上にしっかりしようとして、よけいに疲れて不安や身体の症状が出たのかもしれませんね。年齢を重ねることにより、無理がきかなくなるのは自然なことです。そうした自分の身体の変化をもう少し大目に見てもよいのではないですか。むしろ、今後の人生で、マサコさんがどのような生活をしたいのかがもっと大事なことのように思います。これからはそのために、ご自身の体力をどこで使ってどこで節約するかを工夫なさる必要があります」と伝えました。マサコさんはよく納得し、改めて自分の限りある体力でやりたいことを実行する生活を始めました。その効果か、徐々に、これしかできないけどまあいいか、と思えるようになり、めまいの頻度も減りました。

4　死に対する恐怖
——自身の死におびえるシズさん

高年期の「喪失」のテーマのもっとも大きい出来事として、死があげられます。自分の身に迫る死が現実味を帯びる世代であり、配偶者や親しい人を亡くす経験もこれまで以上に多くなる時期です。このような状況による不安や恐怖、悲しみを抱えて生きていく苦痛は大変大きいものと思います。以下にあげるのは、自身の死に対する恐怖を抱き苦しむシズさんの話です。

シズさんは72歳の女性です。シズさんは元来神経質で、動悸や頭痛などが出現するたび内科を受診し、問題がないと言われて安心する傾向にありました。

先の東日本大震災を機に死の恐怖が消えなくなった、ということでクリニックを受診しました。「今の生活は何も困ることはありません。経済的にも安定しているし、子どもたちも一人暮らしの自分を気づかってよく誘ってくれます。死は誰にでも訪れるものだし、いつ来るかわからないから、今気にしたって仕方ないと理性ではわかっているのです。なぜ自分がこんなに不安で苦しくなるのか……」とシズさんは苦しい状態を語りました。

私は、シズさんが自然に湧き起こる自身の不安を受け入れられずにいると感じました。「それでは、シズさんは自然に湧き起こる不安を理性で抑えよう、なくそうとしておられるのですか?」「はい、それでも不安がとれなくて……」。私はシズさんに「今、自然に湧き起こる不安を理屈で抑えようとして、かえってその不安にとらわれ、ますます不安を強くする、という悪循環が起こっているのだと思います。人の不安は必ず何らかの理由があって湧き起こるものですから、シズさんの死の恐怖も何か理由があって起こっているのだと思いますよ」と語りかけました。しかし、シズさんは「今の生活で何も不安なことはないし、なぜこんなに不安になるのかが受け入れられないのです」と述べました。

そこで私は「どのような感情も、そのまま起こるに任せれば自然と流れて消える性質があります。今の時点では、不安をなくそうとすること自体がますます不安をひきとどめ、強くしている状態だと思います。ですから、不安が起きてもそのまま浮かばせておくようにすれば自然に流れて消えます。不安そのものは悪さをしません。起こったままにして、じっくり感じているうちに徐々にやわらぐはずです」と伝えました。しかし、シズさんは不安を感じること自体が苦しいようで、その不安をすぐに和らげてほしいと希望しました。そこで、ごく軽い抗不安薬を用いて様子を見ることにしました。シズさんは抗不安薬が奏効して楽になりました。

5　自分のあり方を見つめ直す
――自分を責め続けるチカコさん

若い皆さんは、高年期になれば人生を達観できるようになって些末な悩みなどに煩《わずら》わされなくなると思われるでしょうか？　実は、私はそのように思っていました。でも、多くの高年期の女性の話を実際にお聞きすると、そうでもないようです。もちろん、それまでさまざまな経験を積んで生き抜いてきたので、若い人たちに比べれば、深くものを考える、大目に見る、受け入れる、という円熟の魅力はすでに育まれています。しかし、もともと反省癖の強い人だと、なかなか自分を受け入れにくかったり、自分を責めて落ち込んだりする傾向があり、まだまだ苦しい様子です。次にあげるのは、なかなか自分を受け入れられず苦しんでいるチカコさんの話です。

チカコさんは、66歳の専業主婦です。ある日、一人娘から「対人恐怖症で5年前から通院している」と告白されたことと、長らく介護していた同居の義父の病死とが重なり、自責の念から次第に眠れなくなり、気分が始終沈み、やる気がなくなり、寝込むようになりました。そして、症状が続くためにクリニックを受診しました。抗うつ薬によってある程度は回復しましたが、自責の念や抑うつ気分などの症状は改善と悪化を繰り返し、なかなかすっきりと回復できずにいました。

私は今の生活状況について、もう少し細かく聞いていくことにしました。「娘のことを考えると、自責の念にさいなまれる苦しさはずっと変わりません。娘が小さいころは、『家を綺麗にしなくては』『時間どおりに動かないとダメ』と思って一生懸命きちんとやってきましたが、娘が私の思うように動いてくれないと娘を責めていました。娘は私に反論もせずに黙って従ってくれました。でも今、娘は適齢期なのに結婚していない。人とのコミュニケーションがあまりうまくないのは、母親である自分の育て方のせいなのです。何かのきっかけでこのことを考え出すと、どんどん自分を責めだして気分が落ち込みます。趣味のテニスをしているときはあまり考えずに楽しめますが、小さい子どもを見ると、自分の育て方をぐるぐる思い返して落ち込みます」とチカコさんは語りました。

ある日の面接で、チカコさんはこんなエピソードを語ってくれました。「先日、娘と一緒に映画を観に行ったときに、ヒロインの母親が思いやりあふれる、いいお母さんだったので、過去の自分の未熟さを思い知らされ、罪悪感が出てきたのです。そこで映画館を出て喫茶店に入ってから、『もっとあんなふうにすればよかったね。ごめんね』と娘にあやまりました。すると『またそんなことを言う』と叱られてしまい、また落ち込みました。この苦しさをいつまで持ち続けなくてはならないのか……」

私はこの話を聞いて、チカコさんが自責の念に耐えかね、苦しんでいると考えました。

そこで「過去の自分を責める気持ちは娘さんに対する深い愛情の証です。でも、今、娘さんに当時の自分を許してもらっても、チカコさん自身が自分を許していないのだから責める気持ちはなくなりませんよ。それに、同じことを繰り返し言われたら、娘さんだって疲れてしまうのではないかしら？　このやり方では、自分を責める気持ちは消えないどころか、強くなってしまう元となります。ですからこれからは、娘さんにあやまるのをやめて、自分を責める気持ちが起きたら、しっかりと一人でその気持ちを感じ、味わうようにしてください。そして娘さんへの愛情が深いから苦しいのだということをけっして忘れないようにして、愛情を実際に示してあげてください」と伝えました。

チカコさんはその後も面接で、自分が過去に娘さんにしてしまった対応について、後悔を自責の念とともに語り続けましたが、「今はそれを反省して対応を変えている」とも語るようになりました。私は、そのように反省を生かして行動していることこそがチカコさんの娘さんに対する愛情の証だ、と伝え続けました。そうした作業を繰り返すうちに、「娘は結婚してなくても仕事はちゃんとしているし、娘の様子をよく観察するとどうも交際している人もいるみたい。今まで私は娘の何を見ていたのか……。娘なりに人生を選択してがんばっているのだな、とようやく思えるようになりました。こんな親なのに、いい娘でありがたい」と語るようになり、少しずつ自責の念は減ってきました。そして面接の話題の中心が、娘に対する自責の念の話から、小さいころからの自分の性格や生きづらさの話へと、徐々に移っていきました。

ある日の面接でチカコさんは、「過去の自分が娘にしてしまったことを後悔しています。私はコミュニケーションがうまくないし、消極的。小さいころから傲慢で理屈っぽい性格なのです」と語りました。そこで私は「傲慢だとご自分で思うなら、きっとそうなのでしょう。そのような自分であるということをよく見つめてみてください」と伝えました。すると、チカコさんにはそれが腹《はら》に落ちたようで、笑顔でうなずき退出しました。

そのひと月後、チカコさんはどこかさっぱりした表情で面接室に入りました。「自分に余裕ができて楽になり、大人になりました。自分のことを知って人間関係にも余裕ができ、人が怖いのも薄らぎ、積極的に自分本来の思いやりや優しさを出せるようになりました。過去は過去として、これからどうするかが大切だと思えます。小さいころから気が小さく、些細なことに傷つき、『他人の言うことが自分より正しいのだから、言うとおりにしなくてはいけない』と自分を縛って、我慢して人に従う人生でした。しかし、今はたとえ他の人の言うとおりにせざるを得ないことがあっても、自分の自由な選択で行動しているという自覚があります。今のほうが楽しく豊かに過ごせます。今になって恥ずかしい。もっと早く気づいていたら……と悔やむ気持ちもちょっとありますが、第二の人生って、こんなふうに自由になるってことなのかな、と考えています」とうれしそうに語りました。

3　高年期女性の葛藤とその解決

1　「女性の役割」をめぐって

高年期の女性の生きてきた時代では、子どもや夫のために自己を犠牲にして尽くすことが女性の美徳とされており、いまだに「女性の役割」に対する期待が根強く存在しています。ただ、昔は高年期になるころには親は亡くなり、子どもも自立していたので、日々の体力に合わせてできる範囲の「女性の役割」を果たしながら、静かに隠居生活を送るのが一般的でした。

しかし、先にも述べたように、現代の高年期女性はなかなか静かに隠居、というわけにはいかないようです。たとえば、親の長寿により介護期間が長くなる、子どもの非婚率の上昇により家事の負担が減らない、子どもが共働きのために孫の世話を引き受けるなど、現代の高年期女性には、こなすべき「女性の役割」（横糸）がまだまだたくさんあります。年齢とともに体力は徐々に落ちて役割を十分に果たせない葛藤だけでなく、自分の生活のささやかな楽しみ（縦糸）すらあきらめざるを得ないという葛藤……。これらの葛藤にどのように折り合いをつけていくかが高年期を乗り切るポイントとなります。

自分の体力以上の「女性の役割」に縛られ、苦しんでいるトシエさんは、その代表格でしょう。トシエさんは、仕事をもちながら家事や子育てなどの「女性の役割」をきちんとこなしてきた、いわばスーパーウーマンの先駆けのような方です。トシエさんは定年退職後、夫との二人暮らしをゆっくり楽しもうと思っていました（縦糸）。しかし親の介護（横糸）を一人で抱え込むことになり、疲弊して抑うつ状態になりました。少しずつ母親の介護の役割は他の人に任せることができるようになりましたが、夫の世話からはまだ自由になれず、四苦八苦しています。いまだに夫はトシエさんに「女性の役割」を当然のこととして期待しており、トシエさんもそれに応えなくては、という姿勢が根強くあるようです。

このように、周囲から期待される「女性の役割」に縛られた生き方も、女性にとっては大きな問題になることでしょう。トシエさんが昼のパンの用意だけするという手抜きをはじめて試みたように、女性自身が自分の体力の限界や「これから夕飯づくりはちょっと面倒だわ」「お風呂を沸かしておいてくれれば楽なのに」などの心の事実に従って無理のない範囲に行動を修正し、少しずつ周囲の期待を裏切っていくことによって、最終的に「ああ、この人には限界があるんだな。仕方ないな」と周囲をあきらめさせていくやり方がよいように思います。

さらにトシエさんは「人への頼り方がわからなかった」とこれまでの自分のあり方を振り返り、ほんの少しずつではありますが、人に頼ったり甘えたりできつつあります。黙々と「女性の役割」をこなす生き方が行き詰まったときこそ、新たな生き方を模索するチャンスだ、ということをトシエさんは私たちに教えてくれているようです。

一方、「女性の役割」を果たすことは、周囲の期待を満たすだけでなく、当の女性側にとってもやりがい、生きがいにつながる側面があります。最近は晩婚化で子どもの自立が遅く、高年期になってからの空の巣症候群もそれほど珍しい例ではありません。タエコさんは「女性の役割」を失ったことで「自分は必要とされない、ダメな人間だ」という悲観的な思いにとらわれるようになりました。そして喪失に伴う気分の悪さは家族のために生きてきた当たり前の反応だと知り、じっくりその気持ちを味わううちに、ふとバレエをやりたくなりました。「これまで考えもしなかった、自分だけの楽しみを楽しんでいます」と生き生きと語るタエコさんを見ていると、役割中心の生き方をあきらめたときにはじめて、自分らしい第二の人生が開けてくるのだと思えます。

2　喪失・死をめぐって

高年期は、老化による体力の低下を実感し、死が間近に迫っていることが意識される年代です。現代の高年期女性は非常に若々しく、70代・80代でもさまざまなことにチャレンジできる活力があります。ともすれば本人も周囲も自分の体力を若いときと同じように考え、思うように動けないジレンマを抱えることもあります。

マサコさんは、はじめ「やりたいこと」や「やらなくてはならないこと」が症状のためにできないと訴えていましたが、よく話を聞いてみると、体力以上に行動しようとしたときから症状が発現したとのことでした。自分の体力の限界をよく自覚し、その範囲でしかできないとあきらめるようになってから、徐々に回復してきたようです。体力の低下という喪失体験は、喪失の面だけに注目するとつらく悲しいイメージになりますが、今できることを最大限に生かす、という視点に立つとそうしたイメージは払拭されます。マサコさんがある日の診察室で「一日のうちで少ししか動けないと覚悟が決まってからは、短い時間をいかに有効に過ごそうかと、昔より頭を使っています。これしかできないけど、まあいいかと思えるようになりました」と穏やかな笑顔で語る姿は、以前よりずっと生き生きしていて魅力にあふれています。

高年期では、身近な人の「死」を経験することも多く、自分の死についてもよく考える時期でもあります。シズさんは震災を機に死の恐怖が消えないと受診しましたが、もともと理知的な方であるためか、自然に湧き起こる恐怖を理に合わないものと考え、受け入れがたいものとして排除しようとしました。私は排除しようとするほど不安やこだわりが強くなることを伝えましたが、シズさんは死の恐怖そのものに強い不安を感じて苦しいとのことでしたので、抗不安薬を用いることにし、その効果でシズさんはすぐに楽になりました。このように、受け入れがたい症状が続いて苦しい場合は、我慢せずに専門家に相談し、薬物療法でその場をしのぐことも対策のひとつではないかと思います。とりあえず薬物療法でしのぎながら日々を過ごすことで、いずれ何らかの解決が得られることも多いからです。

3　自分のあり方を見つめる

高年期の女性は、自分の感情を自覚しつつ自分の置かれた状況を客観的に眺める、という能力が若い人よりも高いようです。若い時期を悩みながら生き抜き、自分自身のさまざまな感情を味わいつくしたという事実が、こうした能力を育むのでしょう。この能力の高さが、人格的に円熟した深い魅力をつくり、充実した第二の人生（縦糸）を送るための基礎になっています。だからこそ私は、高年期を第二の人生を模索できる時期と位置づけたいと思っています。

チカコさんはうつ病を患いましたが、過去の自分を責め続けるために、なかなか改善しませんでした。しかし、自分のありようを見つめる作業を続けるうちに、自分を必要以上に責めなくなりました。そして、自分の自由な選択で行動できるようになり、第二の人生を模索しはじめました。高年期になってから自分を見つめる作業は、時に相当の苦しみを伴います。しかし、チカコさんの清々しい笑顔を見ていると、自分を見つめる苦しみなどは、心の自由を得る喜びに比べればとるに足らない苦しみのように思えてきます。

4　おわりに

以上のように、高年期では「女性の役割をめぐる苦しみ」「喪失・死をめぐる苦しみ」「これまでの自分のあり方」に直面し、新たな生き方を迫られる時期です。思春期や青年期では、自分の心の事実を自覚することが必要な体験ですが、高年期では、本章であげた女性たちの姿を見てもわかるように、自分の心の事実だけではなく、身体の事実をも自覚することが非常に大事です。身体の事実とは、言い換えれば「現実の限界」と言えるかもしれません。

また、心の事実の自覚についても、思春期・青年期はもちろん、中年期のときよりもさらに深いものになります。たとえば、曽野綾子さんの著書『老いの才覚』にこんな言葉があります。「人生には、いいことも悪いこともあります。生きていれば、人に誤解されることもありますし、どうして自分だけが病気になったのだろうとか、自分の家だけが倒産したんだろうとか思うこともあるでしょう。その悲しみや恨みをしっかり味わってこそ、人生は濃厚になるのだと思います。私は、自分の財産というのは、深く関わった体験の量だと思っています。若い時から困難にぶつかっても逃げだしたりせず、真っ当に苦しんだり、泣いたり、悲しんだりした人は、いい年寄りになっているんです」。また、精神科医の近藤章久氏も「私たちは真実を見るのはこわい。こわいけれども強いてそれを見ましょう。そこにこわさを通して感じる喜びがあります。そしてその喜びは自分がさらに深い次元、高い次元に成長していく喜びでもあります」と述べています。私自身も己の事実を見つめるのはとてもこわいしつらいけれども、そのことを通してはじめて真の人間的成長があり、本当の人生の喜びがある、と思っています。

さまざまな境遇のなかで高年期を生きている女性たちは、思春期・青年期・中年期を乗り越えて生きてきた分、より深く己の感情や身体の事実を見つめることができる力が備わっているものです。ですから、高年期の女性は、思い切って己の事実を見つめながら「これまでの生き方」を見直し、より深みのある「これからの生き方」を実践していくことができる世代なのです。己の限界をある程度自覚し、さまざまな感情を味わえる女性は、きっとひとの苦しみや悲しみを深く理解できる、魅力的な女性です。私も、いくつになっても自分の生き方を見直し、人生を深めていける女性でありたい、と思います。

参考文献

岡本祐子「女性のライフサイクルとこころの危機――「個」と「関係性」からみた成人女性のこころの悩み」（「こころの科学」141号、日本評論社、2008年）
守屋慶子「中・高年期からの心理的発達―「適応」から「創造」へ―」（「立命館文学」2006年）
後山尚久「成長した子供と母親との関係が女性の心身に与える影響―空の巣症候群―」（「日本女性心身医学会雑誌」7（2）、2002年）
曽野綾子『老いの才覚』（ベスト新書、KKベストセラーズ、2010年）
近藤章久「「おそれ」について（後編）」（「生活の発見」579号、2008年7月号）

Ⅵ　女性特有の行き詰まり——ケア役割、共依存、ＤＶ被害女性をめぐって

1　はじめに

　これまでは主として女性のライフサイクルでの生き方と他者との関係性を縦糸と横糸にたとえて、各ライフサイクルにおけるこころの諸問題について述べてきました。そこで終盤として本章では、クリニックの診療場面でしばしば出会う「生きづらさを感じている女性たち」に見られる特有の問題状況に焦点をあててみたいと思います。具体的には、家族の誰かをケアする役割に縛られ続けている女性、アルコール依存症の夫に悩まされ続けている妻、夫からＤＶ（ドメスティック・バイオレンス）を受けながら逃れられない女性の事例をあげて、それぞれくわしく見ていきます。

　３・11の東日本大震災以来、家族同士の絆、隣人同士の助け合いの大切さが語られています。近年少々薄らいでいたとはいえ、日本では従来、家族同士は支え合うもの、隣人同士は助け合うもの、そして「困っている人を助けるのは良いこと、必要な人をケアし感謝されるのは張り合いがあること、自分のことはさておいて援助役割を優先させる人はすばらしい人」という価値観が文句なく浸透していました。もちろん私も原則的にはこの考え方に賛同します。しかし、家族の内情を深く見てみると、この価値観が絶対化して、家族のある成員を縛ってしまうことがよくあります。特にそれは家族のケア役割を担うことが多い女性に生じやすいと思われます。またそれは、とても生きづらいと長年感じながらも耐えている女性に多く見られるようです。

本書で何度も述べてきたように、女性は男性と異なって、アイデンティティ（自我）の形成にも自分の身近な人（特に家族）との関係が大きく関与しますし、一生を通して身近な大切な人との関係性がどう生きるかを左右すると言っても過言ではないでしょう。そうした観点から考えても、子育てや家族のケア、介護など、ケア役割は女性にとってもっとも重要な役割でもあり生きがいでもあります。しかし、それに縛られて長年苦しみ続けている女性も少なくないでしょう。クリニックにはそういう女性がたくさん相談に来ます。そこで、真のケアや援助についてもう一度考え直し、なぜ女性たちがそれに縛られてしまうのか、また、そこからどうしたら自由になれるのかを、事例を通して考えてみたいと思います。

2　女性が陥りやすい問題状況

1　女性らしさの中核をなすケア役割
――ひきこもりの娘と姑の狭間で苦しむアツコさん

まず、最近経験した例を紹介してみたいと思います。クリニックで月に1回おこなっている「ひきこもりの子を持つ親の会」というグループに参加したあるお母さんが話したとき、その場にいたみんながショックを受けました。

58歳のアツコさんは、28歳の次女が6年間家にひきこもっているので相談に来ました。家には、勤めている夫と、まだかくしゃくとしている97歳の姑がいます。気が強い姑は、大学を中退して家にいるようになった次女に「なぜ大学に行かないのか」と言い、そのうち「どうして働かないのか」「アルバイトぐらいしたらどうだ」などと、顔を合わせれば責めるようになりました。それに耐えきれなくなった次女は勤めに行っているふりをして、姑が階下のリビングに陣取っている日中は、2階の自室でじっと寝て過ごすことにしたのだそうです。この息をひそめた生活を6年も続けているというのです。それを聞いたグループ参加メンバーは「ええ～！」と驚きの声をあげました。

わがままな姑は次第にデイサービスにも行かなくなり、アツコさんは毎日姑の介護に追われ、食事の世話、入浴の介助、病院通いなどで振り回されるようになりました。あるとき、姑を一泊の予定でショートステイにあずけて、久しぶりに夫と伊豆の温泉に行ったときも、夕方に施設から「本人がどうしても家に帰りたいと言ってきかないので迎えに来てほしい」と連絡を受けて、旅行を途中で切り上げて飛んで帰ったのだそうです。そのときはほんとうにがっかりしたし、それ以来姑はショートステイにも行かなくなったとのことでした。この話を聞いたときにも、グループメンバーは一斉にため息をつきました。

夫の姉妹も「もう施設にあずけたらどうか」と言ってくれるのですが、姑がいやがっているので家で介護するのが自分の役目だと思ってやってきたとのことでした。しかし、次第にわがままが増長し、アツコさんの負担が増してきており、姑の世話をいつまで続けねばならないのかと思うとやりきれない、特に次女に我慢ばかりさせて、何もしてやれないのがつらいと語りました。

アツコさんの話を聞いていたグループメンバーの一人、リョウコさんが発言しました。

「私の家でも同じような状況がありました。同居していた80歳の私の母が、高校に行かなくなった息子に毎日、どうして学校に行かないのかと責めるので、息子がしばしば荒れたのです。母には息子の状況を説明し、学校のことは言わないように何度も頼んだんですがわかってもらえず、息子の部屋にまで押しかけて説教するんです。悩んでここに相談し、夫とも話し合った結果、思い切って母を残したまま家族で家を出てマンションに引っ越してしまったのです。

それから、息子は次第に快方に向かいました。のちに息子が、『あのときはほんとうにつらかった、おばあちゃんが憎くて殺したいほどだった』と語るのを聞いて、別居してよかったと思いました。母には申し訳ないとは思いましたが、母よりも息子のほうが大切だと考えたのです。周囲からは、あんな高齢の母親を一人残して冷たい娘だと思われたかもしれませんが、それも仕方がないと思いました」

とても忍耐強く、わがままな姑の要望のままに大変な介護を疑問もなく引き受けてきたアツコさんは、このリョウコさんの発言を聞いたり、また、他のメンバーたちが「それはひどい！」とか、「そんな～、『遠くにいて帰れません』と言ったらよかったのに！」などと共感して憤慨すると、ようやく自分のつらさをわかってくれる味方に出会ったと感じたようでした。ほっとした表情を浮かべ、勇気づけられて、暗かった顔に笑顔が見られ、「夫と相談してみます」と話しました。

ケア役割の呪縛

女性は、他者をケアし、慈しみ育てるということを女性らしさのアイデンティティ（自我）、すなわちジェンダー・アイデンティティ（性別の自分らしさ。「プロローグ」参照）だとして、しっかりと身につけてきているのですね。子どもが生まれれば母親役割を果たし、夫や家族を支え、そして多くの場合、老いた夫の親を親身に介護してこそ良い嫁だと評価されてきました。多くの女性は、それが女性として生まれてきた自分の務めだと疑問もなく思い込んで生きてきたのです。しかし、女性は進んで、喜んでそれを引き受けてきたのでしょうか？　社会的にやむを得ずケア役割を担わされてきたという一面があることも事実です。

それは、経済的な力がない女性に与えられた性別役割分業という側面があります。女性が担うのが当然だと長年考えられ、受け入れられてきた、歴史のなかで培われた価値観でもあるのです。確かに、女性はケア役割をしっかり果たすことで自分の存在を承認され、生活を保障されてきたとも言えるでしょう。

しかし、一人の女性が背負うにはあまりに負担が重すぎる場合があります。アツコさんやリョウコさんのように、ふたつの役割がぶつかってどちらかを選択せざるを得ない場合もあります。アッコさんはわがままな姑に押されるままに、ひたすら忍耐強く介護を引き受け続けてきたのです。きっとかなりの苦痛、疲労感、徒労感、そして嫌悪感などを感じてきたにちがいありません。そして、娘の問題が生じてようやく外に援助を求める必要性が出てきたのでしょう。

アッコさんはこんなに大変な状況を抱えているのに、発言するときはとても控えめに話しました。話している間に、みんなの共感を得ていることがわかって、だんだん表情も豊かになり、声も話す内容も感情を込めたものになっていきました。それは、ケア役割を義務的に果たすロボットのようだったアッコさんが、感情を取り戻し、自分らしい判断や行動もできる本来の自己を取り戻す第一歩を踏み出したときだったのではないかと思います。

アッコさんは「親の会」に毎月出席して、次第に元気になってきて考えも固まり、約半年後、夫とも相談した結果、姑をようやく老人ホームに入所させることになりました。その後、次女は自由にリビングで過ごせるようになり、犬を散歩に連れていったり、美容院にも行ったりと外に出る回数も増え、表情も豊かになり、家族との会話もはずむようになってきたとのことです。

また、老いた実母を置いて家族で転居したリョウコさんはのちに、「先生に後押しされてあのことを決行して以来、とても前向きになりました。夫との関係性も含めてジェンダーフリーになりました」と生き生きとした表情で語りました。

2　共依存という落とし穴
――アルコール依存症の夫に悩むヨシノさん

「共依存」という女性が陥りやすい問題状況があります。これまで述べてきたように、ケア役割を苦しいと感じつつ耐え続けることが共依存という歪んだ人間関係ですが、その典型例がアルコール依存症の夫をサポートし続けている妻です。ここでひとつの例をあげてみたいと思います。共依存については後段でくわしく解説します。

スーパーマーケットにパートで勤めている48歳のヨシノさんは、会社員で50歳の夫と、OLで25歳の娘との3人家族でマンションに住んでいます。クリニックに相談に来たヨシノさんの悩みは、この数年来、夫が毎晩酔って帰ってきて大声で怒鳴るので、近所の人に顔を合わせられない、娘は家を出たいと言っている、夫は糖尿病や肝機能障害もあり、アルコールは控えるように医者から言われているのにまったく意に介さず、毎日多量に飲酒しているのも心配で、どうにかお酒をやめさせられないか、というものでした。

夫はべろべろに泥酔して夜中近くに帰宅し、床や壁をドンドンと踏み鳴らしたり叩いたり、物を投げて壊したりし、暴言を吐いてヨシノさんをけなしたりして2~3時間怒鳴り続けるので、その間生きた心地がしないと言います。身体のこともあるので夫が落ち着いているときに注意すると、「俺が稼いでいる金で飲んで何が悪い」「仕事のつきあいで飲むんだ、何もわからないくせに口を出すな」「心配するふりをして命令する気か」などと言って怒り出す始末だというのです。この夜ごとの惨劇が毎晩のようになり、娘と二人で息をひそめていると訴えました。最近、２００万円の借金があることも発覚しました。

話を聞いていくなかで、ヨシノさんの父親もアルコール依存症だったことがわかりました。酔っては母や自分に暴力を振るう父がすごく怖くて、殺されるかと思ったこともありました。ヨシノさんはいつも父の様子をうかがい、おびえながら寝ていたり、母のぐちを延々と聞く子ども時代を過ごしたのです。そして、次第に自己主張をしない、不満も怒りも自分のなかに押し込めて我慢してしまう、そしていつも人の顔色ばかりを気にするようなアダルト・チルドレンになってしまっていたのだと、クリニックを受診してはじめて知ったのでした。自分が育った家庭が、子どもがいつもおびえて過ごす機能不全家族だったと知って、とても納得できたそうです。しかし、そんな家庭はいやだと思って比較的早く

ともしていることに今愕然としている結婚して家を出たつもりだったのに、自分が同じ轍《てつ》を踏んでいることに今愕然としている

とも語りました。

そしてヨシノさんは、アルコール依存症をはじめとするアディクション問題とその家族が巻き込まれる問題状況について学習するグループに参加し、また、みずからも共依存から回復して自分を取り戻すためのグループ・ミーティングにも通い、だんだんと回復してきました。初診から1年以上が経ち、アルコール依存症者の心理や行動パターンを理解し、いかに自分がそれに巻き込まれていたかが見えてきたころ、私はふたつの提案をしました。

ひとつは、ヨシノさんがこれまで夫が夜な夜な騒ぐことを近所に対して恥ずかしく、また申し訳ないと身を縮めて過ごしてきたことに関してです。隣人から「毎晩うるさい！」という張り紙を玄関ドアに貼られたりして、またいつ文句を言われるかとおびえてきたのですが、「家庭内の問題だからといって、あなたが共同責任を負って詫びてばかりいる必要があるでしょうか」という問いかけをしました。

考えてみればヨシノさんも娘さんも、夫の酒乱、暴言、暴力の被害者です。できれば、ご近所にありのままの問題を開示して、夫がひどく騒いだときには警察に通報してもらうとか、今、専門病院を受診させようと努力しているが、本人がそれを承知しないので困っ

ていることなどもすべて話してみたらどうかと提案したのです。さっそくヨシノさんは実行し、ご近所の通報でたびたび警察官が訪ねてきて夫に忠告し、受診も勧めてくれました。隣人にオープンにしたことで気持ちがずいぶん楽になりました。問題を抱え込んで孤立するのではなく、ご近所にも援助を求めはじめたのです。でもこれはなかなか勇気がいることです。

もうひとつの提案は、「もうこんな人と一緒に住むのはいやだ～！」と常々言っているヨシノさんの気持ちが本当なら、家を出たがっている娘さんのこころの安全を保障するためにも、お二人でアパートを借りて隠れ家をつくったらどうですかということでした。夫とともに住むのはいやだと言いながらも、このことはすぐには実行できませんでしたが、娘さんも相談に来院したりして、3か月後ぐらいに小さなアパートを借りました。契約を済ませて、まだカーテンもかけていないガランとしたアパートにひとり入ったときの心境をヨシノさんはこう語りました。「ああ、ここは誰にも邪魔されない、自分が自由に過ごせる空間なんだと思ったら、とてもうれしくてワクワクしちゃいました。ここは自分を取り戻せる大切な空間なんだと感じました。これからカーテンや照明やその他を揃えていくのが楽しみです」

娘が完全に家を出て、また夫が荒れ出すと、ヨシノさんも家を出て隠れ家に避難するようになりました。夫に振り回されなくなってきたころ、娘とともに「あなたはアルコール依存症だと思うので、専門の治療を受けてほしい」と夫に真剣に提案しました。それまでは「俺はアルコール依存症なんかじゃない」と言い続けてきた夫がはじめてクリニックを受診し、私が「あなたは立派なアルコール依存症ですよ」と告知しました。まだ受診の継続には至っていませんが、ヨシノさんと娘さんが断酒会に通っていますし、いずれ夫もみずからのアルコール問題に向き合うときが来るだろうと思っています。

何よりもまず、家族がアルコール依存症者に巻き込まれている自分に気づき、そこから回復することが先決なのです。夫はまだ飲み続けていますが、ヨシノさんは自分を取り戻し、何でも話し合える仲間もできてずいぶん楽になったと感じています。夫が酔って騒いでも、以前のようにオロオロしたりおびえたりしないで、そのときの自分の考えで行動できるようになりました。それは、共依存からだいぶ回復してきたことを示しています。

いつも他人に振り回される共依存の女性たち

共依存の人は、自分のことは脇に置き、まったく配慮しません。ケアを必要としている人のこと（ほとんどが家族のなかの成員）ばかりが気になって、常時その人のことで頭のなかがいっぱいなのです。ヨシノさんについて言えば、夫がどうしたらお酒をやめてくれるのだろう、どうしたらアルコールが身体に悪いことをわかってくれるのだろうかということばかり考えていました。早く気づかせてあげないと身体の病気も進行して命が危なくなってしまうと思うと、気が気ではなかったのです。自分が治してやらなければ誰も夫を救う人はいないとも思い込んで、ひどく酔って荒れた翌日に夫に説教してはケンカになっていました。

そして、泥酔して翌朝出勤できなかったりすると、会社に「風邪で発熱しているので休みます」と電話を入れるのはヨシノさんの役目と決まっていました。また、玄関に隣人から張り紙をされると、菓子折りをもってあやまりに行くのもヨシノさんでした。これらはみな夫の尻拭いでしたが、そうすればするほど夫はいっそう無責任になり、何でもヨシノさんのせいにして酔っては怒りまくり、ヨシノさんはそんな夫のケア役割を担うことにのめり込み、振り回される日々が続いたのです。そして、夫をどうにかせねばと思えば思うほど、夫のアルコール依存症はひどくなっていき、ヨシノさんもつらくなっていったのです。

共依存の人は、いつもケアする相手のことばかり考えているので、自分自身がどう感じ、どうしたいのかがわからなくなっています。要するに自分を見失ってしまっていると言ってもよいでしょう。自分で考えてどう行動したらよいか判断するのではなく、こうするものだと思い込んで行動してしまうのです。夫がどうしたら怒らないかばかりを気にして、夫の無茶な指示や命令はいやでも即実行する、娘にも我慢をさせて、あとでぐちを聞いてもらう。これを繰り返しているうちに、いつの間にか夫をケアすることに自分が依存して、のめり込んでしまっているのです。夫に支配されているようでいて、実はいかに夫を動かそうかとこころのなかでは画策していて、夫を自分の思うようにすることに全エネルギーを注いでいるのです。

多くの女性が共依存的傾向をもっていると思われます。アルコール依存症者の妻のあり方には、それが極端に現れているのです。そこから回復するには、自分を見失って相手に振り回されていることに気づき、自分の判断で行動できるようになることが必要ですが、これが思ったよりも大変です。それは、ケア役割がわれわれ女性に与える満足感がとても深くて強いからです。そのうえ、私たちはケアの役割を果たすことに自分が依存しているのだと気づけずにいることが多いのです。

3　ＤＶ被害女性は究極の自己喪失
――定年退職後にＤＶに気づき、回復中のユリコさん

63歳のユリコさんがクリニックを受診したのは、離婚調停のために相談した弁護士から「自分が悪くてこうなったのではないということをしっかりわかって強くなるために、精神科で治療を受けたほうがよい」と勧められたからでした。3年前に保育園の保母を定年退職したユリコさんは、とても理知的でしっかりした人ですが、夫との関係については判断力を失っていました。「自分は精神的におかしいのではないか。異常なのか普通なのか、悪いのか悪くないのか、自分のことがまったくわからないのです。」と語っていました。

これはＤＶ（ドメスティック・バイオレンス）を長年受け続けてきた女性にはよく見られるこころの状態です。夫の暴力や権力によって心理的に支配され続けると、それまでは健康的な判断力をもっていた女性も次第に自信喪失、自己卑下や無力感、絶望感に圧倒されてしまうのです。すべては自分が悪いと自責的になり、自暴自棄になり、もう誰も助けてくれないという孤立無援感が強まり、助けを求めようとする気持ちも失われていきます。そして、自分は価値のない、生きるに値しない人間だと思い、自尊の感情も喪失してしまいます。人間らしい気持ちや感情も失ってしまうのです。親密な関係もみずから絶って孤

立し、もう誰も信じられないと感じてひきこもり、暴力的支配のもとでじっと耐え続けるのです。

ときどきニュースで報じられることがありますが、権力や暴力によって絶対的に支配された状態に置かれていた人が、少しは自由があるのに助けを求めようとしなかったのはなぜかと不思議に思われたり、あるいは本人がそこに留まることを望んでいたのではないかと疑われたりする場合があります。それは、被害者がこの心理状態に陥っていて、自分がこの場から逃げられるはずがないと思い込まされているからなのです。

ユリコさんは、公務員だった夫からの身体的・精神的暴力を長年受け続けてきました。交際中はこんなに優しい人がいるのかと思うほど細やかで優しい人でしたが、結婚して間もないころから暴言・暴力が始まりました。職場からの帰宅が少し遅いと怒って、「お前は頭が悪くて要領が悪いから遅くなるんだ」と暴言を吐き、物を投げたり殴ったりしました。「釣った魚にはエサはやらないんだ」とも豪語しました。いっそ別れようかと思ったときが何度もありましたが、間もなく妊娠し、3人の子どもが次々に生まれ、この子どもたちを一人前にするまでは自分が我慢するしかないと思ってひたすら耐えてきたというのです。受診する半年前に家を出るまで、ずっと夫からの非難や攻撃や暴力を受け続けてきました。ちょっとでも夫の気に入らないことを言うと、怒って熱湯をかけられたり、ヤカンを投げられたりもしました。

夫はうつ病になって早めに退職しましたが、それからいっそう暴言・暴力がひどくなりました。「俺がうつになったのは全部お前のせいだ」「お前は頭がおかしい、俺も子どもも全部ダメにした。ぶっ殺してやる」「お前の金を全部俺に寄越して弁償しろ」「全国どこに逃げたって探し出して八つ裂きにしてやる」などと暴言を吐いてユリコさんを脅迫し続けました。退職数年前にはユリコさんを自宅に監禁し、職場にも行かせず、連絡もとれないようにして、「仕事をやめろ！　職場は無断欠勤すればクビになるからこのまま家にいろ」と命じ、監視していました。数日後に、本人と連絡がとれずに心配した職場が長女に連絡して、ようやく助け出されたのです。基本的人権なんかまったく踏みにじられた地獄のような日々で、いっそ死んだほうが楽だなあとたびたび考えたそうです。

このような異常事態まで起きていたのに、どうしてユリコさんはおかしいとは思わなかったのでしょうか。長年にわたって、「お前が俺を怒らせるんだ」「お前はバカなんだから俺の言うとおりにやっていればいいんだ。俺に逆らったら殺すまで殴ってやるからな」などと脅され続けたユリコさんは、先に述べたように、ＤＶ被害女性が陥る自己喪失・人間喪失の状態になってしまっていたのです。常に恐怖感とおびえと不安感でいっぱいだったのです。そのときには身体もぼろぼろで、膠原病《こうげん》を発症していました。「医者から精神的なストレスを減らすように言われましたが無理ですよね」とユリコさんは笑ってそのころを振り返って語りました。

3年前に保母を定年退職後、それがDVだったと気づき、また長男から「このままだと僕がお父さんを殺してしまいそうだから、お願いだから家を出てほしい」と懇願されて目が覚めました。自分の退職金をあわや取られそうにもなったので、ようやく決心して、クリニックを受診する半年前に家を出たのです。そしてはじめてDV被害防止センターや警察や弁護士などに相談して援助を求めはじめたのですが、実に35年間も耐え続けていたわけです。

来院後は診察と心理カウンセリング、グループ療法をおこないましたが、いずれにも熱心に通いました。ユリコさんは水を吸い取るスポンジのように、DV被害女性の心理や、共依存や家族心理などの考え方を吸収し、グループ・ミーティングで同じ体験をした仲間たちとつらい気持ちを分かち合いました。「家を出て今はほんとうに自由で楽しい」「なぜあんなに長い間我慢してしまったのか。私さえ我慢すれば家のなかは平和でいられると思って耐えてきましたが、今は、自分の考えをしっかり言おうと思っています。自分を大切にすることが子どもたちを大切にすることだと思えてきました」と語りました。長女が「お母さんが『生きていてよかった』と思えるように、好きなことをしてほしい。それが私たち子どもの幸せにつながるんだから」と言ってくれて、それからやっと自分が気に入った洋服も少し買ったり、自分がしたいことにもお金を使って美術展などを見に行ったりするようになりました。ユリコさんはそうして少しずつ自分を取り戻してきています。

膠原病で身体はままならないのですが、外部の自助グループに参加したり、いろいろな講演会に出かけてみたりして、さまざまな人たちと触れ合い、同じ境遇の気の合う友人もできて、今はとても生き生きと生活しています。本もたくさん読んで、とても多くのものをもらっていると感想を話してくれます。ウォーキングや太極拳などもやっていて少し上達したとか、歩いていて木や花を見るのが楽しいなど、小さいことがとてもうれしく感じられるとも語ります。以前は、冬にはたびたび風邪をひいていたそうですが、記録的な寒さだった冬にも一回もひかなかったそうです。先日も、「真冬の最中でも身体がポカポカと暖かく、こころから幸せだなあと日々感じている」「前向きに生きている自分が愛おしいと感じる」などと笑顔で話してくれました。

3　おわりにかえて――ユリコさんのこころの回復

まとめにかえて、ユリコさんの感想をもう少し書きたいと思います。本を次々に読んで感動したことを語ってくれるのですが、そのなかで、あるとき友人に勧められて読んだ本がこころに響いたと言い、そのなかに出てきた、古くから言い伝えられてきたという「平安の祈り」にとても惹きつけられたというのです。私もこの短いお祈りを以前から知っていて、座右の銘にしてきましたので、次に紹介してみたいと思います。

平安の祈り

神様私にお与えください
変えられないものを受け入れるおちつきを
変えられるものは変えていく勇気を
そしてふたつのものを見わける賢さを

これはニーバーの祈りとも言われ、古くから口伝えで伝えられていたものを、アメリカの神学者ラインホルド・ニーバー（１８９２―１９７１）が著したものだと伝えられています。アルコール依存症からの回復をめざす自助グループ（アルコホーリクス・アノニマス）のミーティングで用いられるようになって、広く知られるようになりました。

これはとても示唆に富む教えです。何度もじっくりと読み返してみてください。人生には「変えられないこと」と「変えられること」があります。そして今向き合っていることがどちらなのか、それをしっかりと見わける賢さをもちたいものです。ユリコさんはしみじみと、「私はそれを取り違えていたんですね」と語りました。とても苦しくて行き詰まりを感じているときには、「変えられないこと」を変えようとあがき、「変えられること」なのに変えるのをためらっていることが多いのではないでしょうか。「変えられること」は多くの場合、自分の考えや行動です。「変えられないこと」は、死別や過去の出来事などもありますが、相手（人）、夫や姑や子どもなどであることが多いと思われます。この考え方は森田療法に通じるものです。

ユリコさんは森田療法も学び、「あるがまま」でいいのだという考え方を知ってとても励まされ、自分を取り戻せた感じがしたと何度も語りました。他人にどう思われるかということなんか、どうでもいいことだと思えてきたというのです。「まわりの大切な人たちとの関係は大切にしながら、でも自分で感じ、自分で考え、自分で判断し、行動していくことができるようになってきて、とてもスッキリとして、自分が見えるようになった」と言います。「誰かにおびえたり、また誰かのせいにして恨んだりもしないで、うまくいってもいかなくても自分で責任を引き受ける。人とは責任のある関係を保ちつつ、他人のものではない自分の人生を今しっかり歩いている感じがする」「いやなことはアサーティブ(相手も大切にした自己主張)に断ったり、〇〇しないでほしいときちんと伝えられるようになってきました。そのほうが気持ちよく友だち関係を深めることができるのもわかってきました」などとユリコさんは力強く、しかし力むことなく晴れ晴れとした穏やかな表情で語ってくれました。失ったアイデンティティを取り戻し、自分の人生を確かに歩みはじめたユリコさんです。

参考文献
信田さよ子『共依存・からめとる愛——苦しいけれど、離れられない』朝日新聞出版、２００９年

相談窓口案内——こころの問題や家族問題を相談するには

　ここで述べてきたような問題を一人で抱えて悩んでおられる女性は多いと思います。そんなときにはぜひ適切なところに相談されることをお勧めします。どんなところに相談に行ったらよいか、いくつかあげてみたいと思います。

各都道府県、および政令指定都市にある「精神保健福祉センター」

　各県や市ごとに親しみやすいネーミングになっていたりします。たとえば、さいたま市では「さいたま市こころの健康センター」と呼称しています。

市町村の保健所や保健センター

　こころの相談を受けています。

身近な精神科クリニック（診療所）

最近は増えてきて気軽に相談できますが、クリニックによっては、家族からの相談は受けていなかったり、アルコール依存症を扱っていない場合もあります。

DV（ドメスティック・バイオレンス）の相談には

各都道府県や政令指定都市の男女共同参画推進センター、各都道府県の配偶者暴力相談支援センター、警察にも相談窓口があります。

市町村の役場にとりあえず相談してみてもよいかもしれません。各地域に多くの民間のDV相談や支援団体やシェルターが活動しています。ぜひインターネットで調べてみてください。

さまざまな依存症からの回復を支援している自助グループ

アルコール依存症　AA（アルコホーリクス・アノニマス）、断酒会、MAC（マック アルコール依存症リハビリ施設）など

薬物依存症　NA（ナルコティクス・アノニマス）やDARC（ダルク）など

ギャンブル依存症　ＧＡ（ギャンブラーズ・アノニマス）など

摂食障害　ＯＡ（オーバーイーターズ・アノニマス）など

こうした自助グループがそれぞれの問題について支援していますし、家族のための自助グループも別にあります。このほかにも自助グループはいろいろあります。インターネットで検索すれば見つかるでしょうし、精神保健福祉センターや保健所、保健センターなどに問い合わせれば、地元のグループを教えてくれるでしょう。

エピローグ　「生きづらさ」から「生きがいの模索」へ

1　はじめに

女性の生き方に焦点をあてながら、人生の流れを追いつつ、その時々に直面する問題や悩みについて考えてきました。近年、女性の生き方が多様になっていることはプロローグでも述べましたが、それだけに女性が抱える悩みも多種多様になっていると言えます。そこで本書では、女性の人生を織物にたとえ、時間的流れや、直面する出来事のなかで生き方を定めようとする個の姿勢（縦糸）と、周囲との関係性のなかで自分を探ろうとする姿勢（横糸）とのバランスに着目し、女性が抱える課題や葛藤を整理してきました。プロローグでは、現代における女性の生き方の変化と女性特有の問題を整理し、第Ⅱ章からⅤ章では縦糸であるライフサイクルに焦点をあて、青年期・成人期・中年期・高年期の女性が抱える問題について考えました。さらに第Ⅵ章では、女性が陥りがちな問題とその背景の病理に焦点をあて、回復の道のりを紹介しました。

そこで本章では、エピローグとして女性が抱える問題を振り返り、「生きづらさ」をいかに「生きがいの模索」に転換させるかを考えてみたいと思います。

2　女性の社会進出

まず女性の生き方が多様になっている要因のひとつとして女性の社会進出があげられます。２０１２年に発足した第二次安倍内閣でも、「アベノミクス」３本目の矢「成長戦略」のなかに「女性が輝く日本」へ向けた政策目標が掲げられています。たとえば、２０２０年の25歳〜44歳の女性就業率を73％にする、「３年間抱っこし放題」で育児休業期間を子どもが３歳になるまで延長、などといった内容です。このように女性の社会進出を促す動きはあるものの、日本における女性の社会進出は海外の先進国と比較してまだ遅れているのが現状です。世界経済フォーラムが毎年発表している「グローバル・ジェンダー・ギャップ・レポート」によれば、２０１７年度の男女格差評価において日本は１４４ヵ国中１１４位という結果でした。こうした不平等の要因として、男女の経済参画の格差、管理職の割合の低さなどがあげられるようですが、それは出産・育児と仕事の両立が困難な制度上の問題にも由来しています。では、女性の生きづらさはこうした社会システムだけの問題なのでしょうか。

近年女性の立場が変わりつつあると言われていますが、「周囲が期待する女性らしさ」

「女性としての役割」などといった社会的ニーズや社会通念から自由になるのは、そう簡単なことではないでしょう。女性として否応なしに担うことになる役割や周囲の期待などとの板挟みのなかで葛藤が生じる部分も少なくないと考えられます。

そこでまとめとして、私たち女性が、「女性」として生まれ育っていくなかで、どのような振る舞いや役割を期待され、またどのような能力を身につけていくのかを今一度振り返ってみたいと思います。

3　女性としての自分――ジェンダーの視点から

ライフコースを考えたとき、男性は比較的「仕事」を中心とした一本の杉の木のような人生を歩むのに対し、女性は人生の節目節目でそのつど選択を迫られ、それによっていくつにも枝分かれをした人生を歩むことはすでにプロローグでふれました。それは一見多様なライフスタイルが容認されたかにも見えますが、実際は結婚すること、良き母親になること、さらに「いい子」に育てること、といった期待やプレッシャーにあえぎ、自己否定の思いや自己不全感にさいなまれている女性は多いのです。また老親介護についても、それは女性が担うものといった固定的イメージがまだ根強く、中年期や初老期の女性の心身の不調にこれらの問題が関与していることも少なくありません。

こうした背景には、ジェンダーの問題や女性役割の問題が密接に関係しています。言い換えれば、女性の生きづらさは、周囲の女性観・男性観によるものだけでなく、自分（女性）自身の女性観・男性観によっても生じているのです。

男性も女性も、生まれ育っていくなかで、親との関係や同性・異性の友人関係を通して、さらには社会との関わりを通して、男らしさや女らしさとは何かを学んでいきます。それは、生物学的な性別（身体的な違い）のみから決められるのではなく、周囲との関わりや期待から学ぶものでもあります。こうした社会的・文化的・歴史的につくられた性別についての信念やそれに基づいた言動をジェンダーととらえるわけですが、このジェンダーが人間の意識や行動にさまざまな影響を及ぼしているのです。つまり私たちは、知らず知らずのうちに、このジェンダーによって縛られていると言えます。

たとえば、知り合いに子どもが生まれたとき、お祝いの品に何色のリボンを選ぶでしょうか。女の子であればピンク、男の子であれば青、どちらかわからないときには黄色など、子どもの性別によって選ぶことが多いのではないでしょうか。これは、「ピンクは女の子の色」「青は男の子の色」といったステレオタイプがあるためでしょう。

またやや古いデータではありますが、２０００年の内閣府の調査では、小学校４〜６年生の子どもに対して、親がどのような性格特性を望むかを尋ねたところ、母親も父親も、男の子よりも女の子に「思いやり」を、女の子より男の子に「責任感」を望んでいるという結果が得られました。さらに、子どもが一人だけだとしたら、女の子がよいという既婚女性が７割を超えているという報告もあるようです（国立社会保障・人口問題研究所、２００２年）。

こうした調査結果をみると、親は子どもの性別に応じた期待をもっていることがわかりますが、そこには「女の子はこんなもの」「男の子はこんなもの」というジェンダー・ステレオタイプがあることが考えられます。対人関係の研究では、９歳の男女児が自分の経験について話す内容を比較したところ、女の子は男の子よりも、人間関係や感情について多く語りました。また別の研究で、中学３年生の生徒たちに自分をよく表すと思う写真を集めてもらったところ、女の子がもってきた写真には人とのつながりを表すものが多く、男の子の場合には一人の写真が多かったと言います。

これらの結果から、女の子が男の子よりも人間関係や感情を重視していることがわかるでしょう。こうしてみると、子どものジェンダー化に親が影響を及ぼしていることがわかりますが、子どもはジェンダー・ステレオタイプを知識として取り入れるだけでなく、ステレオタイプに一致する、あるいは反することを表に出すと、どのような評価を得るのかを体験的に理解し、その状況にふさわしい役割行動をとるようになっていきます。

このようにして私たちのなかにいつの間にか根付いていくジェンダー・ステレオタイプは、もちろん親との関係だけでつくられるものではなく、周囲との関わり、メディアの情報、社会との関わりのなかでも形成されるものです。そうした知識や経験の蓄積が、「男らしさ」「女らしさ」の認識（男性観、女性観）、自分の振る舞いや役割行動、ひいては生き方の選択にも影響を与えていくと言えるでしょう。

もうひとつは男女の特性の影響です。男女の特性の違いとして、男性は分離と自立を課題に自己を形成するのに対し、女性は、関係性・つながりのなかで、自己や道徳観を獲得することはすでに述べました。これは、女性が養育者（主として母親などの同性）との長く親密な関係のなかで育つため、相手の気持ちを損なわないような良好な関係をつくり、そこで自己やアイデンティティを確立するためとも言われています。このように女性は「関係性」を重視する傾向があるため、人生を歩むうえで、「自分がどのように生きたいのか」という問いと、「相手（周囲）に何を期待されているのか」の問いの狭間で揺れ動き、周囲との「関係」を損なわないような着地点を選択しようとし、さまざまな葛藤を抱いてしまうと考えられます。そして、自分の願望と周囲の期待との折り合いをつける際には、先に述べたような、女らしさ・女性観といった視点やジェンダー・ロール（性別役割）が、ある種の縛りとして作用するため、いくつもの役割を同時に担わざるを得なくなるのです。

こうしたジェンダーの問題や生き方をめぐる葛藤は、「男らしさ」を求められる男性にも同様にあるものですが、女性の場合はどのような選択をするかで、その後の生き方が大きく変わるため、何を選択するかで迷い、また選択しなかったものへの心残りや後悔も大きくなってしまうと言えるでしょう。

では、こうした周囲との関係性を重視する女性の特性は、マイナスに作用するだけなのでしょうか。女性ならではの良さは当然あるはずです。ギリガンは、女性の関係への関心と能力の高さは否定的なものではなく、人間の生存に不可欠な基本的能力であると再評価しました。こうした能力は、子どもや男性の発達を支え、また関係の変化に適応し、他者と親密な関係を築くことを可能にするものです。そう考えるならば、関係のなかで生きるという女性のあり方は、家族・社会と自分をつないでいこうとする生き方であり、その過程では男性と異なる喜びを得ることもできるのです。どうしても、女性の生き方を考える際に、つらさや苦悩ばかりに焦点があたりがちですが、女性ならではの特性をいかに生かしていくかという視点を忘れてはならないでしょう。

4 「あきらめること」について

では、女性が抱える迷い・葛藤に対し、どのように対処していけばよいのでしょうか。これまでにも述べたように、女性は周囲の期待や認識との間で折り合いをつけながら、その生き方を選択していくため、その道のりでは当然理想どおりにならない事態やあきらめることも出てきます。それは、頭ではわかっていても、なかなか気持ちとして受け入れ難いものです。それゆえ、後悔の念にさいなまれたり、消化不良のままに蓄積してしまうこともあるでしょう。本書では、なるべく具体的な事例を紹介しながら、それぞれが抱える葛藤やそこでの対処・振る舞い方などについて述べてきました。彼女たちの葛藤や苦悩を振り返ってみると、そこに透けて見えるのは女性たちの報われない思いや、どうにも行き場のない思いや不全感でもありました。

繰り返し述べているように、女性たちが思い悩むには悩む理由があり、葛藤するには葛藤する理由があります。それは「本当はこうしたい」「もっと○○でありたい（あればよかった）」という欲求や願いがあるためです。そして、それがかなわないことへの落胆・失望・後悔にさいなまれるのです。言い換えれば、不全感とは求める気持ちがなければ生まれないものなのです。

では、より良い人生をあきらめれば自由になれるのでしょうか。もちろん、そうではありません。その解決の姿勢として、筆者がⅢ章で記述したポイントを今一度あげたいと思います。それは、「自然に服従し、境遇に柔順なれ」、つまり「変えられるものと変えられないもの、できることとできないことを分ける。そしてできないことはあきらめること」「変えられるものにエネルギーを注いで、事実と折り合いをつけていくことが大切」というフレーズです。すべてを手に入れることは不可能でも、その境遇のなかで何かできることはあるはずです。思いどおりにならない現実や他者にとらわれ、「もっと○○であれば」「本当は○○したかった」というジレンマや不全感のみにさいなまれて日々を過ごすのはもったいないことです。境遇も、そこで生じるさまざまな感情も、事実は事実として受けとめながら、本来もっているエネルギーをどこに生かすのかを探ることが、より良い人生をつかむことになるのです。まさに、森田のいう「事実唯真」「あるがまま」の姿勢と言えるでしょう。

ここでいう「あきらめる」とは、自分の人生を「あきらめない」ために必要な姿勢なのです。過去にとらわれ、これまで生きてきた自分を否定して「今」をおろそかにするのではなく、動かせないものはあきらめ、これからの人生に目を向けていくのです。そのためにも、さまざまな役割を担い、周囲の期待に応え、何とか役に立とうとがんばってきた日々や自分を、まずは自分自身が認めてあげることも大切でしょう。周囲から思いどおりに評価されなかったり、いろいろな思いが期待どおりに理解されなかったとしても、そうした日々を精一杯生きてきた事実を一番わかっているのは自分自身です。成し得なかった別の人生を思い浮かべてみたとしても、そのときにはそうせざるを得なかったのであり、今の道を自分が選び、一生懸命歩んできたはずです。「より良く生きたい」と思う気持ちをどこに生かしたかによって、生き方の道は分かれたとしても、自分なりに選び歩んできた道のりを愛おしいと思ってあげることも必要ではないでしょうか。そのうえで、自分の本当の気持ちや欲求を犠牲にしてきた、あるいは抑え込んできたと思うのであれば、これからできることにその思いを生かしていけばよいのです。

言い換えれば、過去を認め、そこでの経験を未来へとつなぐということです。自分自身の感情や限界に目を向けることはある意味苦しいことでもあります。しかし、その事実を受けとめることが、未来へと視界を広げることになるでしょう。こうした試みこそが、自分の人生を大切にすることであり、また主体的に生きるということでしょう。さまざまな葛藤や苦悩を抱えながらも、その場その場で新たな役割を柔軟にこなし、周囲と協調しながら生き抜いてきた女性の力強さは「現在になりきる」、つまり「今、このときを生きる」原動力になるはずです。

5 おわりに——改めて「自分らしさ」「自分らしく生きる」とは

ここまで、女性が抱える葛藤とその理解、さらにそれを乗り越えるための姿勢について考えてきました。その過程で明らかになったことは、女性が「娘」「母」「嫁」「妻」「職業人」など、さまざまな役割を担わざるを得ず、そのなかで自分らしく生きる道を模索する必要があるということでした。では「自分らしさ」「自分らしく生きる」とはどのようなものなのでしょうか。

本書で紹介した事例は、それぞれに生きづらさや葛藤を抱えていました。それは、自分自身が望む生き方と周囲との関係の間での葛藤もありましたし、周囲との関係を尊重するがゆえに過度に自分の欲求や感情を抑え込んでしまう場合もありました。「自分らしさ」や「自分らしく」とは、形があるものではなく、窮屈さの裏返しとして認識できるものなのかもしれません。実際紹介した事例も、窮屈さゆえに生じた心身の不調を手がかりに、徐々にその背後にある本来の欲求や感情に目を向け、それを今自分が置かれた境遇のなかで生かすよう試行錯誤していったのです。

女性の場合、自己のあり方や理想をしっかり自覚する前に、必然的に「女性として」の役割を期待され、知らず知らずのうちに「妻として」「母として」「女性社員として」「地域の一員として」といったたくさんの役割を担うことになり、自分の願望や感情が後回しになってしまうことも少なくないでしょう。しかしそうした生き方が一概に悪いわけではなく、見方を変えれば順応的、適応的とも言えるのです。結局のところ、自分が息苦しいのか、窮屈なのか否かが分岐点なのかもしれません。

「自分らしさ」や「自分らしく生きる」ということは、先に自覚し、心がけるものではなく、「どのように生きたいか」という自問自答、試行錯誤のなかから少しずつ実感できるものでしょう。そしてそれは、その時々の境遇のなかで、そのつど軌道修正されるものと言えるでしょう。それだけに、息苦しさのゆえんを境遇や思いどおりにならないもの（感情、身体、他者など）に求めるのではなく、事実はありのままに認めながら、少しでも自分の欲求を生かす術を探ることが、結局のところ納得のいく生き方、「自分らしい生き方」につながるのかもしれません。

男性も、女性も、それぞれに担う葛藤や苦悩はあるでしょう。しかしそれは、何度も言うように、「せっかくの一度きりの人生だから、納得した人生を送りたい」という切なる思いから生じるものです。そうであるならば、日々変わりうる日常のなかで、自分のさまざまな感情をありのまま受けとめながら、自分なりの振る舞い方を探ることが柔軟な生き方、さらに「自分らしい生き方」につながるのではないでしょうか。森田の「現在になりきる」「生き尽くす」という姿勢の意味を、改めて噛みしめてみたいと思います。

＊＊＊

なお本書は、森田療法の自助グループである「生活の発見会」の会報誌である「生活の発見」において連載された内容（２０１１年10月号〜２０１２年7月号）を加筆修正したものであることを追記するとともに、女性の生き方についてまとめる機会をいただいた生活の発見会の藤本純子氏に改めて感謝の意を表したいと思います。また、本書の編集にあたって、長年の間根気強く見守り、支援してくださった白揚社の阿部明子氏にも深く感謝いたします。

参考文献

世界経済フォーラム「グローバル・ジェンダー・ギャップ・レポート」(World Economic Forum, The Global Gender Gap Report 2017. https://www.weforum.org/reports/the-global-gender-gap-report-2017)
内閣府「共同参画」(２０１８年1月号)
福富譲編『ジェンダー心理学』(朝倉心理学講座14、朝倉書店、２００６年)
園田雅代・平木典子・下山晴彦編『女性の発達臨床心理学』(金剛出版、２００７年)

森田療法をもっと知りたい方へ

森田療法および森田療法的な考え方を学びたい方は、少し大きめの本屋やインターネットで探せば、森田療法関係の書籍がたくさんあります。もちろん、図書館でもよいでしょう。全国に森田療法に習熟した精神科医や心理カウンセラーがおります。森田療法の研究や普及に取り組んでいる日本森田療法学会、メンタルヘルス岡本記念財団のホームページをあげておきます。

日本森田療法学会

ホームページ　http://www.jps-morita.jp

公益財団法人　メンタルヘルス岡本記念財団

〒530-0057　大阪市北区曾根崎2-5-10　梅田パシフィックビル7F

電話　06-6809-1211

ホームページ　http://www.mental-health.org

メンタルヘルス岡本記念財団では、平日に電話無料相談・面談もおこなっています。

「生活の発見会」は森田療法の考え方を集団で学んで、自分の生きづらさや悩んでいる症状を改善させようとする自助グループで、45年以上の歴史がある会です。全都道府県の各地域で会合が開かれていて、互いに学び合い、症状の回復のみならず、森田療法的な生き生きとしたその人らしい生き方を求めて活動をしています。はじめは興味をもった誰でも参加できますが、継続的に参加するためには入会する必要があります。機関誌も発行しています。各地域で森田療法にくわしい精神科医の協力医と連携しています。本部の連絡先をあげておきます。

NPO法人　生活の発見会

〒130－0001　東京都墨田区吾妻橋2－19－4　リバーあみ清ビル　2F

電話　03－6661－3800

ホームページ　http://www.hakkenkai.jp

執筆者紹介

比嘉千賀（ひが・ちか）
ひがメンタルクリニック院長。
東京慈恵会医科大学卒業後、復光会総武病院、社会精神医学研究所に勤務、後に同研究所副所長。東京都児童相談センターほかの児童相談所、東京都精神保健センター嘱託。栃木県精神保健福祉センター所長を経て、1994年にさいたま市に精神科クリニックを開業。2005年、自費カウンセリング「けやき心理相談室」を併設。2016年、日本森田療法学会・森田正馬賞を受賞。共著書に『アルコール症の精神療法』（金剛出版）、『森田療法』（ミネルヴァ書房）など。

久保田幹子（くぼた・みきこ）
法政大学大学院人間社会研究科教授、東京慈恵会医科大学森田療法センター・臨床心理士長。
上智大学大学院文学研究科心理学専攻、博士後期課程修了。ミシガン大学精神神経科にて研修。東京慈恵会医科大学附属第三病院にて、入院・外来森田療法を長らくおこない、2006年より現職。共著書に『心理療法プリマーズ森田療法』（ミネルヴァ書房）、『強迫の精神病理と治療』（金剛出版）、『森田療法で読む社会不安障害と引きこもり』『森田療法で読む強迫性障害』（白揚社）など。

岩木久満子（いわき・くみこ）
顕メンタルクリニック院長。
東邦大学医学部卒業後、東京慈恵会医科大学附属第三病院、鈴木知準診療所などで入院森田療法および外来森田療法に従事。東京慈恵会医科大学付属病院勤務、青葉クリニック院長を経て、2013年に八王子市にクリニックを開業。共著書に『新時代の森田療法』（白揚社）、『診断の技と工夫』『精神療法の技と工夫』（外来精神科診療シリーズ、中山書店）、共訳書に『弁証法的行動療法実践マニュアル』（金剛出版）など。

ISBN 978-4-8269-7161-4

女性《じょせい》はなぜ生《い》きづらいのか

二〇一八年八月二〇日　第一版第一刷発行

著　者　比《ひ》嘉《が》千《ち》賀《か》
久《く》保《ぼ》田《た》幹《みき》子《こ》
岩《いわ》木《き》久《く》満《み》子《こ》

発行者　中村幸慈

発行所　株式会社　白揚社
〒101-0062　東京都千代田区神田駿河台1-7
電話　03-5281-9772　振替　00130-1-25400

装　幀　岩崎寿文

印刷・製本　中央精版印刷株式会社